CiS의
주식투자법칙

HITORI NO CHIKARA DE NIKKEI HEIKIN O UGOKASERU OTOKO NO TOSHI TETSUGAKU

©cis 2018

First published in Japan in 2018 by KADOKAWA CORPORATION, Tokyo. Korean translation

rights arranged with KADOKAWA CORPORATION, Tokyo through Shinwon Agency Co., Seoul.

一人の力で日経平均を動かせる男の投資哲学

주식으로 2300억을 번
일본 단타의 신

cis의 주식투자 법칙

cis 지음 · **김정환** 옮김

 이레미디어

투자에서 승리하는 방법은 단순하다

어렸을 때에 비해 달라진 것이 하나도 없다는 생각이 드는 한편, 상당히 멀리 왔구나 하는 생각도 든다. 세 아이의 아버지가 되는 등 평범하게 어른이 된 것도 같고, 전혀 어른이 되지 못한 것도 같다.

나는 cis라는 이름으로 개인 트레이더 생활을 해 왔다. 21살이었던 2000년에 자본금 300만 엔으로 본격적인 투자를 시작했으며, 현재의 자산은 230억 엔 정도다. 개인 트레이더로서는 나름 알려져서, 지금은 없어진 인기 방송 〈웃어도 좋고말고!〉에 출연한 적도 있다. 트위터나 2채널(2ch. 일본의 대표적인 인터넷 커뮤니티. 현재는 5채널5ch로 명칭이 바뀌었다 — 역주)의 주식 게시판과 금융 정보 사이트인 '시황 주식 전력 2층집'의 '개인의 힘으로 닛케이 평균을 움직이는 사내' 태그 등을 통해서 나를 아는 사람도 있을지 모르겠다.

투자자라고 하면 주식을 삼으로써 기업을 지원하는 사람을 떠올릴지도 모르지만, 나는 그런 의미의 투자자는 아니다. 나는 나를 본질적으로는 게이머이자 도박꾼이라고 생각한다. 다른 게임이나 도박도 즐겨 왔고, 주식을 비롯한 투자도 게임(도박)의 하나로 생각하며 해 왔다.

나는 투자라는 행위가 특별하다고는 생각하지 않지만, 정말 재미있는 게임이라고는 생각한다. 기술과 우연성과 리스크와 리턴이 적절한 비율로 섞인 최고의 게임이다. 투자 방식은 주로 데이 트레이딩이며, 장기 투자는 거의 하지 않는다. 사회적 관점에서가 아니라 순수하게 게임(도박)의 관점에서 투자해 왔다.

이 책은 투자에 관해 내가 어떻게 생각하고 어떻게 행동하며 어떻게 수익을 내 왔는지를 정리한 것이다. 주식 이야기지만 주식

을 잘 모르는 사람도 읽을 수 있을 거라고 생각한다. 책의 마지막
에는 마작과 포커처럼 확률과 상대방의 심리 읽기가 요구되는 게
임에 관해서도 다뤘다. 이 책이 주식뿐만 아니라 인생의 온갖 상
황에서 승리하기 위한 참고서가 된다면 기쁠 것이다.

사람들은 주식거래로 수익을 내는 방법에 관한 나의 이야기
가 매우 단순하다고 말한다. 분명히 나는 다른 개인 투자자와
비교해 봐도 결코 어려운 기법을 사용하지 않는다. 오히려 사람
들의 말처럼 단순하다. 그러나 단순하기에 그 중핵이 되는 부분
은 스스로 파악하는 수밖에 없다.

또한 이해하는 것과 실행하는 것 사이에는 큰 격차가 있다.
알고는 있지만 실천하지 못한다. 이것은 뒤집어서 생각하면 많
은 사람에게 기회가 있다는 의미이기도 하다. 흔히 돈이 많은
사람이 유리하다고 생각하기 쉽지만 오히려 반대다. 투자 효율
은 돈이 많을수록 낮아진다. 자산 총액이 1500만 엔 이하라면
그것을 몇 배로 만들 기회는 지천으로 널려 있다. 롤플레잉 게
임에서 1레벨을 10레벨로 올리는 것처럼 누구나 할 수 있다. 나
는 이 책에 그 힌트를 많이 담으려고 노력했다.

주식 투자로 수익을 내는 방법을 소개하는 책은 기본적으로 도움이 되지 않는다. 활자화되어서 많은 사람이 보는 순간 그 수법은 우위성을 잃기 때문이다.

주식이라는 것은 극단적으로 말하면 가위바위보와 같다. 최근의 트렌드는 주먹이라든가, 가위 다음에는 보를 내는 것이 좋다는 등의 정보는 다수의 사람에게 공유되는 순간 가치를 잃고 만다.

이 책이 시중에 나온 책에는 적혀 있지 않은 내용을 담은, 트렌드와는 다른 좀 더 근본적인 부분에서 도움이 되는 책이었으면 한다.

지금까지 나는 잡지나 텔레비전의 취재를 대부분 거절했다. 유명해지고 싶은 생각도 없을 뿐더러, 리스크 관리라는 측면에서 생각하면 미디어에 모습을 드러내는 것은 마이너스다. 더불어 출연료나 사례금은 소득세 확정 신고를 번거롭게 만들 뿐이다. 그런 이유에서 책을 낼 생각도 해 본 적이 없었다.

그랬던 내가 이 책을 쓰게 된 이유는 전적으로 마작 기고가이자 10년 이상 교류하고 있는 후쿠치 마코토 씨에게 제안을 받았기 때문이다. 평소에 책을 거의 읽지 않는 나지만 후쿠치 씨가 쓴 마작 책만큼은 거의 다 읽었으며, 논리를 최우선으로 여기는 후쿠치 씨의 사고방식에 강하게 공감해 왔다. 그래서 후쿠치 씨가 이야기를 정리해 준다면 재미있는 책이 되지 않을까 생각했다.

일본에서 데이 트레이딩을 가능케 한 주식 매매 위탁 수수료의 자유화가 시작된 때는 1999년이다. 2채널이 탄생한 시기도 1999년이다. 바로 그 무렵에 처음으로 주식을 접한 나는 금융 빅뱅─금융시장의 규제 철폐·완화─과 인터넷 발달의 혜택을 누린 제1세대라고 할 수 있다. 그로부터 20년에 가까운 세월이 흐른 지금은 알고리즘이나 AI 같은 새로운 적수도 등장했다.

생각만큼 수익을 내지 못하는 날이 계속된다. 무심코 한 판단으로 인해 큰 손실을 입을 때도 있다. 상황은 하루가 다르게 바뀌어 간다.

이래서 주식 투자가 재미있다.

목차

제1장

본능을 극복하지 못하면
투자에 성공할 수 없다

제2장

투자의 세계에서는
가설을 만들어 낸 사람이 승리한다

제3장 수익을 내기 위한 첫걸음은 장소와 자신을 냉정하게 바라보는 것이다

제4장

직업: 트레이딩 기술자

제5장

투자에 필요한 스킬은
게임을 통해서 갈고닦았다

제6장

억만장자가 된
비결

제7장

주식을 시작하려는
사람들에게

제1장

본능을 극복하지 못하면 투자에 성공할 수 없다

오르는 주식은 계속 오르고, 떨어지는 주식은 계속 떨어진다

투자자 또는 앞으로 투자를 시작하려는 사람이 내게 "뭔가 조언을 해 주십시오"라고 요청하면 대체로 나는 "오르는 주식은 계속 오르고, 떨어지는 주식은 계속 떨어집니다"라고만 말해 준다.

주가가 상승 국면에 있을 때 앞으로 더 오르리라는 생각에 매수에 나서는 것을 '순행 투자'라고 한다. 반면 하락하던 주가가 반등해서 오르리라고 생각해 매수에 나서는 것은 '역행 투자'라고 한다. 양쪽 모두 일리가 있기에 용어가 만들어졌을 것이다. 그에 따라 역행 투자법을 사용하는 사람들이 있을 테지만, 나는 '순행 투자'가 기본이라고 생각한다.

주가가 상승하는 이유는 그 주식을 사려는 사람이 많기 때문이다. 반면 주가가 하락하는 이유는 그 주식을 팔려는 사람이 많기 때문이다. 100퍼센트 이것 때문이라고 장담할 수는 없다. 어떤 사람은 명확한 이유가 있어서 샀을 테지만, 또 어떤 사람은 남이 사니까 따라서 샀을 수도 있다. 나중에 결과론적으로 이유를 추측할 수는 있겠지만 완벽한 설명이 될 수는 없다. 다만 현재 사는 사람이 많아서 상승하고 있다, 파는 사람이 많아서 하락하고 있다는 것은 명백한 사실이다. 그렇다면 가장 성공할 가능성이 높은 방법은 시장의 흐름에 순응하며 행동하는 것이다.

나는 이 대원칙을 이해하지 못했기 때문에 주식 계좌를 개설한 뒤 약 2년 반 동안 계속 손해만 봤다. 그 결과 300만 엔이던 자본금이 104만 엔까지 줄어들기도 했다. 사실 계좌에 처음 입금했던 자본금 이외에 저금해 놓았던 돈과 회사에서 받은 급여도 상당 부분 투입했기 때문에 실제로는 1000만 엔 정도 잃었을 것이다. 뒤에서 자세히 이야기하겠지만, '주가는 이렇게 움직일 것이 분명해'라는, 나 자신의 믿음을 우선한 나머지 실제 주가가 어떻게 움직이는지를 직시하지 않은 것이 패배의 원인이었다.

오르고 있는 주식은 산다.
떨어지고 있는 주식은 사지 않는다.
산 주식의 가격이 떨어지면 판다.
시장의 흐름을 거스르지 않고 산다.
그리고 흐름이 바뀌는 순간을 재빨리 감지한다.

이 대원칙을 따르기로 한 덕분에 지금의 자산을 축적할 수 있었다.

'진짜 무작위'는
이미지보다 더 잔혹하다

확률론, 통계학의 정리 중에 '큰 수의 법칙'이라는 것이 있다. '횟수가 늘어나면 현실의 값은 이론값에 가까워진다'는 법칙이다.

가령 동전을 던져서 앞면이 나올 확률과 뒷면이 나올 확률은 2분의 1이지만, 많은 횟수를 던지지 않은 시점에는 앞면이 계속해서 나오거나 뒷면이 계속 나오는 일도 드물지 않다. 그러나 동전을 계속 던져서 횟수를 늘려 나가면 점차 평균에 가까워진다.

동전은 앞면과 뒷면이라는 두 가지 경우의 수밖에 없어서 분산이 잘 나타나지 않으니 주사위를 예로 들어서 생각해 보자. 1부터 6까지의 숫자가 나오는 주사위를 굴린다고 가정해 보자. 수십 회를 굴리는 정도로는 '신이 장난을 치고 있는 거 아니야?'라는 생각이 들 만큼 특정 숫자만 집중적으로 나오거나 죽어도 안 나올 때가 있다. 이것은 딱히 드문 현상이 아니다. 개념상의 무작위는 균형 있게 퍼진다는 이미지가 있지만, 미시적으로 보면 어느 한쪽으로 치우친다.

현실의 무작위는 잔혹하다. 모두가 머릿속에서 떠올리기 쉬운 균등한 무작위와는 달리 균형을 맞춰 주지 않는다. 내가 좋아하는 마작에서도 이런 현상이 자주 일어난다. 수많은 패 중에 하나만 나오면 족보를 완성해 게임을 끝낼 수 있는데 그 전에 다른 사람이 노리고 있었던 유일한 패가 나오는 바람에 다 이긴 게임을 지는 등 확률에 배신당할 때가 적지 않다. 그런데도 많은 사람이 확률이나 균형을 의식한다.

가령 동전을 10회 던졌는데 10회 모두 앞면이 나왔다고 가정하자. 그렇다면 다음에 동전을 던졌을 때 뒷면이 나올 확률은 얼마일까? 당연히 반반이다. 하지만 사람들은 '이제 슬슬 뒷면이 나올 때가 됐어'라고 의식하는 경향이 있다. 즉 균등한 무작

위에 수렴하리라고 생각한다. 미시적인 사상事象에 대해서 과도하게 이론값을 기대하는 것이다. 나는 이것이 자연스러운 감각이자 인간의 본능이라고 생각한다.

확률을 충실히 따르는 게임에서도 이런 편중이 발생할 수 있는데 하물며 주식은 애당초 확률 게임이 아니므로 '균형이 맞춰지지 않는 것이 정상이다'라고 생각하는 편이 좋다. 오르는 주식은 계속 오르고, 떨어지는 주식은 계속 떨어진다. '지금은 오르고 있지만 언젠가 반드시 반락할 거야'라고 생각하기 쉽지만, 이것은 '언젠가는 균형이 맞춰질 것'이라는 이미지에 끼워 맞춘 생각일 뿐이다. 그런데도 제멋대로 '이 세상에 영원히 오르기만 하는 주식은 없으니 언젠가는 떨어질 거야'라고 생각하며 언제 반락할지를 예측한다.

분명한 것은 지금 오르고 있다는 사실뿐이다. 어디까지 오를지는 그 누구도 알지 못한다. 따라서 혼자서 멋대로 예상하지 말고 오르는 동안은 계속 보유해야 한다.

만약 계속 오르던 주식이 약간 떨어졌다면 이것은 일시적인 하락에 불과할까, 아니면 반락일까? 이 역시 알 수 없다. 이익을 확정하고자 파는 사람이 있으면 그것만으로도 조금은 떨어진다.

내 경우 너무 작은 움직임은 신경 쓰지 않고 어느 정도 하락했을 때 파는 경우가 많다. 오르던 주식이 일시적으로 떨어지는 것을 투자 용어로 '눌림목'이라고 하는데, 나는 두 번째 눌림목에서 팔 때가 많다.

'눌림목 매수'는
하지 마라

같은 이유에서 '눌림목 매수'도 삼가야 한다. 주식을 모르는 사람을 위해서 설명하면, 눌림목 매수는 오르던 주식이 조금 떨어졌을 때 사는 것을 의미한다. 쭉쭉 오르는 주식이라 해도 이익을 확정하고자 파는 사람들이 있으면 일시적으로 하락하기 마련이다. 그 틈을 노려서 사자는 발상이 눌림목 매수로 이어진다.

가격이 크게 오른 주식을 살 경우, '매수 타이밍을 놓쳐 버린 것은 아닐까?' 하는 생각이 들기 쉽다. 비싼 가격에 샀는데 떨어지면 그야말로 대참사다. 이런 상황을 피하고자 사람들은 눌림목 매수를 노린다. 이익이 날 것 같은 주식도 가급적 가격이 쌀 때 삼으로써 일종의 보험을 들고 싶어 하는, 약한 마음이 있는지도 모른다.

눌림목 매수는 가격이 떨어졌을 때 사려는 것이므로 역행 투자의 일종인 셈이다. 요컨대 실행해서는 안 되는 매수 수법 중하나다. 오르는 것을 사고, 떨어지면 판다. 이 기본을 거스르는 수법인 것이다.

'눌림목은 기다리면 오지 않는다'라는 격언도 있다. 쭉쭉 오르는 주식은 눌림목 기회가 좀처럼 오지 않는다. 조금 떨어졌을 때 사려고 기다리는 사람들을 지나쳐서 계속 상승해 버린다. 이 격언도 눌림목 매수가 잘못된 방법론임을 말해 준다.

'조금 떨어졌을 때 사자'라든가 '저평가된 타이밍에 사자'는 발상은 애초에 잘못되었다. 오르는 주식이 더 오를 것 같다면 그때가 타이밍이다. 상당히 오른 뒤에 '살 타이밍을 놓쳐 버린 것은 아닐까?' 하고 생각하는 것은 언젠가 균형이 맞춰질 것이라는 발상에 근거한다. 그러나 누구도 어디까지 오를지를 알지 못한다. '너무 늦었는지도?'라고 생각하지 말고, 오르고 있다면 더 오른다고 생각하고 사자. 그리고 떨어지기 시작하면 판다. 이때 비로소 '너무 늦었는지도?'라는 불안감이 맞았는지 틀렸는지 알게 될 것이다.

가격이 어느 시점에 반전할지는 아무도 알지 못한다. 그 타이밍이나 가격을 예상하는 것은 자신이 멋대로 한 예측에 끼워 맞추는 행동일 뿐이다.

가격에 관해서는 시장에 물어보는 수밖에 없다.

— 66 —

분명한 것은
지금 오르고 있다는 사실뿐이다.

어디까지 오를지는
그 누구도 알지 못한다.

따라서 혼자서 멋대로 예상하지 말고
오르는 동안은 계속 보유해야 한다.

— 99 —

성급하게 '이익 확정'을 하면
큰 수익을 낼 수 없다

'이익 확정'은 매수가보다 높은 가격에 주식이나 외국환을 결제해서 현금화하는 것을 뜻한다. 반대는 '손절'로, 팔면 수지가 마이너스임을 알면서도 결제를 해서 손실을 확정하는 것이다.

산 주식의 가격이 올랐더라도 팔아서 이익을 확정하지 않는한은 수익을 낸 것이 아니다. 다음 순간에 떨어지면 기껏 생겼던 이익은 날아가 버린다.

이런 불안감 때문에 주식이 조금 오르면 즉시 이익을 확정하는 사람들이 있다. 1,000엔에 산 주식이 900엔이라든가 800엔이 되었을 때는 팔 생각을 하지 않지만, 1,050엔이라든가 1,100엔이 되면 '돈 벌었다!' 하고 생각하며 금방 팔아 버리려는 것이다.

산 주식의 가격이 떨어지더라도 팔지 않는 한은 손실이 확정되지 않는다. 더불어 손실을 확정함으로써 자신이 잘못 샀음을 인정하는 것은 괴로운 법이다.

한편 산 주식의 가격이 오르고 있을 때는 손실이 아닌 이익이기 때문에 확정하고 싶어진다. 손실을 확정할 때와 달리 이익을 확정한 다음에는 '성공했다! 돈 벌었어!' 하는 긍정적인 심리가 찾아온다.

그런 이유에서 가격이 떨어진 주식은 묵혀 두고, 오른 주식은 금방 이익을 확정하는 것은 본능에 따른 행동이라고 말할 수 있다.

그래서 어느 정도의 단계에 이르면 이익을 확정하라는 주식 필승법도 존재한다. "산 주식이 올랐다면 절반은 팔아서 그만큼의 이익을 확정 지어라" 같은 방법론도 종종 거론된다. 주식은 오르거나 떨어지거나 둘 중 하나이기 때문에 이대로 계속 올라서 영원히 이익을 내는 것은 아닐까 싶은 때가 있는가 하면, 이대로 계속 떨어져서 모든 돈을 잃게 되지는 않을까 하는 두려움을 느낄 때도 있다. 그런 공포심을 억누르는 방법 중 하나라고 생각하면 나쁘게 볼 것도 아니다.

그러나 그럼에도 나는 상승 국면에서 이익을 확정하는 것은 수익을 내기 위한 방법으로써는 잘못되었다고 말하고 싶다. 떨어져서 800엔이 되었다면 빨리 팔아 버리는 편이 낫고, 올라서 1,100엔이 되었을 때는 팔지 않는 편이 좋다. 앞에서 이야기한 '순행 투자'와 같은 발상이다. 지금 이 순간 가격이 떨어진 주식은 반등하기보다 더 떨어질 가능성이 높다. 반대로 지금 이 순간 가격이 오른 주식은 반락해서 떨어지기보다 계속 상승할 가능성이 높다. 아니, 정확히 말하면 가능성이 높다기보다는 승부를 걸었을 때의 효율이 좋다.

중요한 것은 승률이 아니라 종합적인 손익이다. 이렇게 생각할 수 있느냐 여부가 주식 투자로 수익을 내는 데 있어 중요한 열쇠가 된다.

1만 엔을 벌었을 때의 기쁨과 잃었을 때의 슬픔을 비교하면, 잃었을 때의 슬픔이 훨씬 크다. 이익 확정에 집착하는 사람이 많은 이유는 그 슬픔을 피하고 싶기 때문이다. 하지만 이익 확정을 하면 그 순간의 승리는 확정되더라도 종합적으로 봤을 때는 패배에 가까워진다. 기껏 오르는 주식을 팔아 오늘의 승리를 확정함으로써 내일이나 모레의 승리를 버리게 되는 것이다.

당장의 이익 확정에 집착해서는 안 된다. 수익을 내는 방법은 장기적인 관점에서 바라보며 이익이 될 가능성이 큰 매매를 거듭하는 것뿐이다. 하루하루의 승패는 의미가 없다. 내 경우 종목별 승패를 생각하면 이익이 난 거래는 30퍼센트 정도밖에 안 된다. 나머지는 본전치기이거나 약간 손해를 본 수준이다. 그러나 이따금 그때까지 잃었던 금액의 10배 또는 20배나 되는 금액을 벌어들일 때가 있기 때문에 승률은 낮아도 종합적으로는 플러스가 된다. 승률은 낮지만 주가가 떨어지면 즉시 손절해 손해를 최소한으로 억제한다. 그렇게 상승한 종목 중 몇 개의 이익이 손실액의 10배, 20배가 되어 간다. 효율이라는 측면에서 생각하면 이쪽이 더 좋은 결과를 내기 쉽다.

작은 손해가 쌓이는 가운데 가끔씩 큰 이익을 내겠다는 마음가짐이 중요하다. 반대로 작은 이익만 잔뜩 내다가 가끔씩 큰 손해를 보고 있다면 주의가 필요하다.

물타기는
최악의 테크닉이다

많이 추천되는 주식 매수 테크닉 중 '물타기'라고 부르는 것이 있다. 매수한 주식의 가격이 떨어졌을 때 추가 매수를 해서 평균 매수액을 낮추는 행위다. 가령 가격이 1만 엔인 주식을 1주 샀는데 8,000엔으로 하락했다고 가정하자. 이 시점의 수지는 2,000엔의 손실이다. 요컨대 플러스로 전환되려면 여기에서 2,001엔이 올라야 한다. 그런데 8,000엔에 1주를 더 사면 자신이 산 2주의 평균 매수액은 9,000엔이 된다. 그러면 1,001엔만 올라도 플러스로 전환되지 않느냐는 것이 물타기의 발상이다.

결론부터 말하면 나는 물타기가 최악의 매수 테크닉이라고 생각한다. 경우에 따라서는 일격에 숨통이 끊어질 수 있기 때문이다. 지금껏 이야기했듯이 대원칙은 오르는 주식을 사서 오르는 동안은 계속 보유하고 있다가 떨어지면 파는 것이다. 그런데 물타기는 이와 정반대의 수법이다. 오를 것으로 생각해서 산 주식이 떨어졌다면 사실상 실패다.

하지만 여기까지는 괜찮다. 흔한 일이며, 아무리 주식 투자의 달인이라 한들 실패를 아예 안 할 수는 없다. 진짜 심각한 일은 자신의 실패, 패배를 인정하지 않는 것이다. 물타기는 자신이 실패했음에도 랏ᵗᵉ을 늘린다―더 많은 돈을 건다―는 점에서 모순적이다.

이때 할 일은 실패를 인정하고 신속히 철수하는 것이다. 다시 말해 손절이다. 물타기는 실패를 인정하지 않고 끈질기게 버티면서 어떻게든 역전승을 이끌어 내려는 발상이다. 물론 이렇게 해서 역전승을 거둘 때도 있다. 그러나 문제는 상처가 깊어질 가능성이 더 크다는 것이다.

주식 투자에서 가장 중요한 것은 신속한 손절이다. 실패로부터 도망쳐서는 안 된다. 실패는 당연한 것이며, 문제는 어떻게 손실을 최소한으로 억제하느냐다. 이 점을 생각했을 때도 물타기는 대원칙에 역행하는 테크닉이라고 할 수 있다.

손절한 주식이 다시 오르기 시작했을 때 살 수 있는가?

1,000엔에 산 주식이 900엔이나 800엔이 되었을 때 다시 1,000엔이 되기를 기다리다가 계속 하락해서 200엔 또는 100엔이 되어 버리는 경우가 종종 있다.

작은 손해는 상관없다. 아니, 피할 수 없다는 게 더 정확할 것이다. 중요한 것은 손해를 안 보는 것이 아니라 큰 손해를 보지 않는 것이다. 심각한 타격만큼은 입지 않도록 한다.

나는 이 방침 아래 지금의 자산을 축적했다. 앞에서 내 승률을 종목별로 살펴보면 30퍼센트 정도라고 말했는데, 24시간 이

내에 처분할 예정으로 매매한 거래로만 한정하면 승률이 60퍼센트 정도는 된다. 다만 이것은 반대로 말하면 20년 가까이 주식을 거래해 오면서 높인 승률이 겨우 이 정도라는 뜻이기도 하다. 그리고 2주 이상 보유할 경우 승률은 30퍼센트 정도다. 장기간 보유할 생각으로 산 주식도 가격의 움직임이 수상해지면 즉시 손절한다. 그래서 오래 보유하는 주식은 무섭게 오르는 종목뿐이다.

　손절 라인 등에 관해 수치적인 기준은 일절 없다. 가격의 움직임을 지켜보다가 1시간 후에 지금보다 더 떨어질 것 같다면 바로 팔아 버린다.

　산 주식의 가격이 떨어져서 손절했는데 그 후에 손절한 결정을 비웃기라도 하듯이 오르기 시작한다면, 상승주로 판단하고 다시 살 수 있는가? 이것도 중요한 포인트다. 손절했다는 것은 자신의 실패를 인정했다는 뜻이나 다름없다. 그 주식을 산 본인의 판단이 틀렸음을 인정하고 철수하는 것이다. 그랬는데 자신이 팔았던 가격보다 비싼 가격에 다시 사려는 것은 '손절을 한 판단도 틀렸다'라고, 이중으로 실패를 인정하는 셈이 된다.

　여기에 저항감을 느끼는 사람도 있을 것이다. 그러나 나는 전혀 신경 쓰지 않는다. 늘 아무렇지도 않게 다시 사들인다. 거래한 번 한 번의 승패는 생각하지 않기에 저항감이 없다. 산 주식의 가격이 떨어졌으면 팔고, 가격이 오르는 주식은 산다. 물론 그만큼 수수료를 내게 되지만, 이것이 기본이기에 몇 번이든 반복하는 수밖에 없다.

물론 이런 나도 같은 종목의 매매를 세 번 이상 반복했는데 판단이 전부 틀렸다면 '나를 엿 먹이려고 이러는 건가?' 하고 짜증을 내기도 하며, 이 종목은 도저히 못 읽겠다고 생각해 발을 빼기도 한다. 그러나 그 전까지는 신경 쓰지 않고 매매를 계속한다. 국소적인 승패에 연연하는 것은 의미가 없다.

— 66 —

중요한 것은
손해를 안 보는 것이 아니라
큰 손해를 보지 않는 것이다.

— 99 —

트레이딩 세계에 '잘 풀려야 8승 7패'라는 법칙은 없다

도박의 세계에서는 흔히 '언제 그만둘 것인가?'가 중요하다고 말한다. 그런데 이 논리도 이익 확정에 집착하는 심리와 유사하다. 집중력이나 체력을 생각하면 분명히 그만둬야 할 때가 있지만, 이길 수 있는 승부라면 계속할수록 플러스가 된다. 언제 그만둘지를 생각하는 것은 언젠가 균형이 맞춰질 것이라는 발상에서 비롯된 정신론에 불과하다.

어떤 분야의 승부든 '그때 그만두었어야 했어' 하고 후회하는 것은 이기고 지는 흐름 속에서 일종의 인생론을 발견한 것에 불과하다. 어떻게 해야 이길지를 생각하는 데는 아무런 도움이 안 된다.

마작 소설을 많이 쓴 아사다 테츠야라는 작가가 있다. 나와 연배가 비슷한 사람은 만화『마작의 제왕 테쯔야』의 모델이라고 말하면 어떤 이미지가 떠오를지도 모르겠다. 이 사람은 소설이나 에세이에서 종종 스모를 예로 들며 "잘 풀려야 8승 7패, 정말 잘 풀려도 9승 6패"라고 이야기했다. 승부뿐만 아니라 인생 전체가 그렇다는 것이다.

가령『신新마작 방랑기』라는 소설에서는 젊은 주인공이 마작으로 큰돈을 벌었을 때 그가 살고 있던 연립주택에 불이 나서 집에 있었던 약혼자가 크게 다치는 사고가 일어난다. 아사다 테츠야는 "인생은 균형이 맞춰지기 때문에 계속 좋은 일만 생기지는 않는다", "일에서든 승부에서든 무엇인가가 잘 풀렸을 때는 오히려 조심해야 한다"는 말을 자주 했다.

그의 이야기는 인생론이라는 관점에서 들으면 고개를 끄덕이게 한다. 그러나 승부의 철학으로서는 의미 없는 이야기다. 균형론에 입각한 발상이기 때문에 굳이 평가하면 해롭기조차 하다. 주식에 관해 몇 승 몇 패인가를 생각하는 것은 의미가 없다. 중요한 것은 승률이 아니라 종합적인 손익이라는 절대 금액이기 때문이다.

인생론 자체를 부정할 생각은 없다. 그러나 승부에 관해 생각할 때 이런 부류의 인생론을 적용하는 것은 그만두는 편이 좋다. 운이나 흐름이라는 발상은 논리를 우선하는 사고를 방해한다.

주식 투자를 할 때는 주식 투자의 법칙을 따라야 한다.

08

손해를 인정하지 못하는 심리가 패배로 이어진다

손절하는 속도에 한해서라면 지금의 나는 트레이더들 중에서도 상위권이라고 생각한다. 물론 현재의 발달한 알고리즘에는 상대가 안 되지만, 인간 중에서라면 발을 빼는 속도는 상당히 빠른 편이다. 1시간 후에 지금보다 떨어지겠다 싶으면 바로 팔아치운다. 얼마에 샀든, 그 주식으로 이익을 봤든 손해를 봤든, 앞으로 떨어지겠다 싶으면 즉시 팔아 버린다.

주식 초보자는 손절을 하지 못해서 실패하는 경향이 있다. 이익 확정은 빠르게 하면서 손절은 좀체 하지 못하고 샀을 때의 가격까지 회복되기를 기다린다. 이것은 해당 주식으로 손해를 봤다는 사실을 직시하고 싶지 않기 때문이라고 생각한다. 그러나 이런 '묵혀 두기'는 전형적인 패배 패턴이다. '손해 보고 싶지 않아. 손해를 인정하고 싶지 않아'라는 감정이 주식 투자에서는 패배로 이어진다.

재빠른 손절은 굉장히 중요하다. 이것은 테크닉이라기보다 마음가짐에 가깝다.

내 이야기를 하면, 손절을 너무 빨리 하는 바람에 실패한 적도 상당히 많다. 가령 2016년의 미국 대통령 선거에서 도널드 트럼프가 당선되었을 때도 그랬다. 당선 직후 주가가 폭락했는데, 트럼프가 미국 회사의 이익을 철저히 보호하겠다고 선언한 것을 보고 매수 타이밍이라고 생각해 다우 선물과 S&P 500 선물을 상당히 사들였다. 그러나 도무지 반등하지 않았다. 한동안 기다려 봐도 반등할 기미가 보이지 않았기 때문에 나는 '이상한데…. 혹시 내가 모르는 어떤 정보가 있는 것이 아닐까?' 하고 생각해 미국 시장이 열리기 직전에 팔아 버렸다. 그런데 막상 미국 시장이 열리자 내가 처음에 예상했던 대로 상승 행진을 계속했다. 내 딴에는 나름 기다렸다고 생각했지만 손절이 너무 빨랐던 것이다. 미국 시장이 열릴 때까지 기다렸다면 상당히 큰 이익을 낼 수 있었을 것이다. 물론 오르기 시작한 뒤에 다시 살 수도 있었지만, 미국 시장에는 일본 시장과는 다른 난점도 있기 때문에 이때는 그러지 않았다.

예상대로 움직이지 않을 때는 자신이 깨닫지 못한 '무엇인가'가 있을 가능성이 크다. 부자연스러운 움직임을 보일 때는 어떤 세력의 개입이나 내부 정보에 따른 매매 때문인 경우가 많다. 만약 그런 부자연스러움을 느꼈다면 기본적으로는 결과가 어떻게 되든 즉시 팔아야 한다. 이 경우도 결과적으로 손절이 너무 빨랐던 것은 분명하지만 원칙적으로는 옳은 자세였다고 생각한다.

주식시장이든 다른 도박이든 기본적으로는 플레이어 전원이 손해를 보게 되어 있다. 주식시장에는 수수료와 세금, 도박에는 자릿세가 있기 때문이다. 다만 그중에서도 특히 크게 손해를 보는 사람들이 있다. 자신의 능력과 자기 인식 사이에 괴리가 있는 사람, 요컨대 자신을 냉철하게 바라보지 못하는 사람이다. 알기 쉽게 말하면, 자신의 상태를 직시하지 못하는 사람이 큰 손해를 본다. 그런 사람은 손실의 늪에서 벗어나지 못한다.

09

사람들이 공포를 느낄 때가
기회다

주식시장에서는 인간적인 감정이 마이너스로 작용하는 국면이 많다. 언젠가 균형이 맞춰질 것이라는 발상과 손해를 보고 싶지 않다는 감정, 이 두 가지는 특히 마이너스로 작용하기 쉽다.

주식 투자는 리스크를 받아들이면서 리턴을 노리는 행위다. 설령 기댓값이 플러스라고 판단했을 때만 거래를 한다 해도 리스크는 반드시 존재한다. 손해를 볼 가능성이 절반은 된다고 생각하는 편이 좋다. 만약 여기에 강한 스트레스를 느낀다면 주식 투자를 하는 것은 애초에 무리다.

회사원이 되는 것을 금융의 관점에서 생각하면 거의 100퍼센트의 확률로 매달 일정 금액을 받을 수 있는 채권을 산 것이라고 말할 수 있다. 학창 시절의 나는 각종 도박으로 돈을 벌어들였다. 아르바이트는 해 본 적이 없었다. 그래서 처음 사회인이되었을 때 월급을 받는다는 것이 굉장히 신선하게 느껴졌다. 휴일이 많은 5월이나 일수가 적은 2월에도 다른 달과 똑같은 급여를 받는다. 회사의 실적이나 나의 영업 성적에 따라 급여가달라지지는 않는다. 이것은 정말 굉장한 일이다.

회사원에게는 손해 리스크가 없다. 그러므로 손해 리스크에강한 스트레스를 느끼는 사람은 회사원이 되는 편이 좋다고 생각한다. 고통스러운 일을 억지로 한들 성공할 확률은 낮다. 그보다는 즐거운 일을 해야 한다. 내 경우는 주식 투자가 참을 수없이 즐겁다. 이미 평생 살아가는 데 있어 불편하지 않을 만큼충분한 돈을 갖고 있지만 주식 투자가 즐겁기에 지금도 계속하고 있다.

인간의 감정이 크게 흔들릴 때, 바로 이때가 큰 수익을 낼 기회다. 폭락과 폭등이라는 양극단이 존재하지만, 사람은 기쁨이나 기대보다 슬픔이나 공포를 더 크게 느끼는 생물인 까닭에폭락이 훨씬 큰 기회가 된다. 주가가 이대로 바닥을 뚫고 지하

실까지 내려가는 것은 아닐까 하는 공포를 사람들이 느낄 때가 진짜 기회다. 전체적인 상황으로 말하면 IT 버블의 붕괴, 리먼 브라더스 사태, 서브프라임 모기지론 문제, 그리스 쇼크 등이 일어났을 때가 그랬다. 커다란 재해가 일어났을 때도 마찬가지다. 이럴 때는 군중 심리로서 공포가 발생하기에 주식 투자라는 측면에서는 기회가 된다.

10

리스크 헤지는
낭비다

투자자 지인들을 보면 저마다 자신만의 매매 스타일이 있다. 자신의 성격과 상반되는 스타일로 수익을 내는 것은 어려운 일이다. 자신의 성격과 궁합이 잘 맞는 필승 패턴을 찾아내서 갈고닦는 것이 승리의 지름길이다. 그리고 이런 상태에서 큰 수익을 내려면 인간의 본능을 억제해야 한다. 돈을 벌고 싶지만 손해를 보는 것이 더 두렵다는 심리를 억제하지 않으면 주식 투자로 수익을 내기는 어렵다. 아니, 정확히 말하면 불가능하다.

내가 생각했을 때 나의 매매 스타일은 수비형이다. 작은 손해는 전혀 신경 쓰지 않고, 가급적 큰 손해를 피하고자 최대한 빠르게 발을 빼는 방법으로 승부하고 있다. 그러나 한편으로는 큰 수익을 낼 가능성을 노리고 매수하지 않으면 리스크를 짊어지고 매매하는 의미가 없다고도 생각해서 공격적으로 움직일 때도 많다.

내가 중시하는 것은 리스크와 리턴의 절충이다. 모든 매매에는 리스크와 리턴이 있는데, 리스크에 걸맞은 수준 이상의 리턴을 기대할 수 있을 때만 승부한다. 50대 50 이하라면 승부하는 의미가 없다. 가령 어떤 주식을 사려고 생각했을 때 가격이 오를 것 같은 이유도 생각할 수 있고 떨어질 것 같은 이유도 생각할 수 있다. 그 양쪽을 검토한 결과 오를 것 같은 이유가 더 강해 보인다면 기댓값은 플러스가 된다. 이때는 산다.

리스크와 리턴의 비교, 나는 이 판단을 '효율'이라고 부른다.

어떤 주식이 오를지 내릴지는 알 수 없다. 이것을 항상 알 수 있다면 일본의 국가 예산 정도는 손쉽게 벌어들일 수 있을 것이다. 만약 어떤 주식이 반드시 오를 것—혹은 떨어질 것—이라는 생각이 들었다면 그것은 어디까지나 이면에 있는 리스크를 보지 못했기 때문이다. 어떤 때든 오를지 떨어질지에 대한 절대적인 답은 없다.

확실하게 리턴을 기대할 수 있을 것 같을 때도 매수한 순간 리먼 브라더스 사태가 일어날지 모른다. '배당금을 노리고 도쿄 전력의 주식을 샀는데 그 직후에 동일본 대지진이 일어났다'는 이야기도 들은 적이 있다. 그런 일도 일어나는 것이 현실의 세상이다.

투자의 세계에서 실시하는 모든 매매는 리스크와 리턴이 세트로 묶여 있다. '원금 보장에 수익을 이만큼 낼 수 있습니다!' 같은 광고를 본 적이 있을 텐데, 세상에 그런 것은 있을 수 없다. 1년에 3퍼센트가 넘는 수익을 보장하는 것은 리스크를 교묘히 감춘 설계이거나 사기라고 생각하는 편이 좋다.

투자는 리스크를 짊어지고 리턴을 추구하는 행위다. 리스크는 반드시 있다. 그래서 리스크 공포증이 있는 사람은 투자에 적합하지 않다.

나는 기본적으로 리스크 헤지를 하지 않는다. 리스크를 짊어지고 리턴을 추구하는 것이 투자인데 그 리스크를 분산시키기 위해 비용을 들이는 것은 리턴을 줄일 뿐이다. 물론 금융기관의 펀드 매니저로서 거대한 금액을 운용하는 사람은 수지가 마이너스인 시기가 있으면 해고당하기 때문에 운용 실적을 평균화해야 할지도 모른다. 그러나 개인 투자자에게는 의미 없는 행위다.

위기와 기회는 종이 한 장 차이다. 그저 결과를 받아들이는 수밖에 없다.

— " —

만약 어떤 주식이 반드시 오를 것이라는 생각이 들었다면
그것은 어디까지나 이면에 있는 리스크를 보지 못했기 때문이다.

어떤 때든 오를지 떨어질지에 대한 절대적인 답은 없다.

— " —

제2장

투자의 세계에서는 가설을 만들어 낸 사람이 승리한다

지금 사람들이 사는 주식인가, 파는 주식인가?

2018년에는 아쉽게도 큰 수익을 내지 못했지만, 2019년 2월에는 19억 엔의 평가익을 냈다. (다만 조금 오래 들고 있는 바람에 이익을 확정했을 때는 12억 엔이 되었다.) 그때 어떤 가설을 가졌고 어떤 행동을 했는지 소개하겠다.

일본에서는 2017년부터 FA 관련 종목이 인기가 매우 높았다. FA라는 것은 공장 자동화 Factory Automation 의 약자로, 공장 자동화를 위한 산업용 로봇 등을 만드는 몇몇 회사의 주식이 여기에 해당한다. 신문 기사 스타일로 설명을 하면, 중국 등지에서 노동력 절감 노력이 본격화되고 일본에서 일하는 방식의 개혁이 시작되면서 자동화를 위한 투자가 활발해짐에 따라 이런 기업의 상품이 날개 돋친 듯이 팔려 나갔으며 실제로 매우 좋은 실적을 기록했다.

다만 나는 이런 경제적인 지식을 알아 두기는 해도 어디까지나 참고하는 데서 그친다. 정말로 중시하는 것은 지금 사람들이 사는 주식이냐, 파는 주식이냐다.

내가 FA 관련 종목을 매수한 시기는 2018년의 주식시장 개장일이었다. 미국 시장에서 일본의 주식이 크게 오르고 있었는데, 일본 시장이 개장하자 역시나 거침없이 상승했기 때문에 오르던 관련 주식을 서둘러 사 모았다. 이후에도 순조롭게 고가 행진을 계속하는 가운데 그 회사들의 사분기 결산이 속속 발표되기 시작했다. 1월 23일에 야스카와 전기라는 회사가 제일 먼저 삼사분기 결산을 발표했는데, 4~12월기의 누계 경상이익이 전년 동기 대비 85퍼센트 증가했고 직전기인 10~12월기의 경상이익도 전년 동기 대비 62퍼센트 증가라는 매우 좋은 실적을 보였다.

평범하게 생각하면 훌륭한 실적이다. 그런데 다음 날 주가가 4퍼센트나 하락했다. 나는 이것이 시장의 기대치가 너무 높았던 탓에 실적 발표를 보고 실망한 것이 아닌가 생각했다. 그래서 하락 기미를 보인 순간 보유하던 야스카와 전기의 주식을 그날 오전 장에 전부 팔아 버리고 발을 뺐다. 그리고 조만간 다른 관련 주에서도 같은 일이 일어나리라고 생각했다.

실제로 다른 FA 관련 종목의 매수세가 약해진 듯이 느껴졌고, 가격 변동 상황이 심상치 않은 종목도 있었다. 그래서 당시 옴론과 르네사스 일렉트로닉스, 화낙 등의 FA 관련 종목 위주로 약 150억 엔어치의 주식을 보유하고 있었던 나는 결산 발표 전에 주식을 처분하자고 결정했다. 그리고 하루에 100억 엔 정도를 팔아 버림으로써 발을 뺄 수 있었다. 현재 나의 거래 규모라면 나의 매도 주문으로 주가가 상당히 하락하기 때문에 이 정도 규모를 용케 하루 만에 효율적으로 팔았다는 생각이 든다. 실제로 결산이 발표된 뒤 이들 종목은 일제히 하락했다.

이후에는 노 포지션—상승과 하락 중 어느 쪽에도 걸지 않은 상태—으로 상황을 지켜보면서 '야스카와 전기와 화낙은 닛케이 평균 주가를 직접 구성하는 종목이고, 현재 닛케이 전체의 호조를 이끈 것은 FA 관련 종목이다. 따라서 이런 하락은 닛케이 전체에 영향을 끼칠 것'이라는 가설을 세우고 닛케이 평균 선물을 공매도했다. 닛케이 평균 선물이라는 것은 닛케이 평균 지수를 기반으로 한 금융 상품으로, 공매도를 한 뒤에 지수가 하락하면 돈을 번다. 이후에도 하락의 기운이 계속되었기 때문에 대량 공매도를 계속했는데, 아니나 다를까 닛케이 전체가 폭락했다.

그 결과 한때 평가익이 19억 엔에 도달해 트위터에 '한 방에 19억'이라는 트윗을 올렸다. 다만 실제로는 그 뒤에도 한동안 보유하고 있었기 때문에 이익을 확정했을 때는 12억 엔 정도가 되었다.

무직의 억대 부자를 낳은 제이컴 주식 오발주 사건

그 밖에는 '제이컴 주식 오발주 사건' 매매로 큰돈을 벌었다. 워낙 유명한 사건이지만 10년도 더 지났기에 간략하게 설명하고 넘어가겠다.

2005년 12월 8일, 미즈호 증권의 담당자가 도쿄증권거래소 마더스(도쿄증권거래소의 성장 가능성이 높은 기업을 위한 주식거래 시장—역주)에 신규 상장된 종합 인재 서비스 회사 제이컴의 주식을 '61만 엔 1주 매도'로 주문하려다, 실수로 '1엔 61만 주 매도'라고 입력해 버렸다. 오전 9시 27분의 일로, 신규 공개 주식이라 시초가가 정해지지 않은 상태였다. 이 주문 직전에 예상되었던 가격은 90만 엔 전후였으나 이 오발주로 인해 시초가는 단숨에 67.2만 엔이 되었다. 보통은 있을 수 없는 대량의 매도 주문이었기 때문에 주가는 그 후에도 급락해, 불과 3분 후인 9시 30분에는 하한가인 57.2만 엔까지 떨어지고 말았다.

담당자는 곧 자신의 실수를 깨닫고 취소 주문을 보냈지만, 당시 도쿄증권거래소의 시스템에서는 취소가 불가능했다. 1엔 매도는 애초에 성립하지 않기에 유효한 가격 하한선에서 61만 주 매도가 처리되는 '간주 처리'가 실행되며, 그사이에는 취소할 수 없도록 프로그램이 짜여 있었다고 한다.

당사자는 수없이 취소 주문을 보낸 뒤 도쿄증권거래소와 직접 연결된 매매 시스템에서도 취소를 시도했지만 허사였다. 도쿄증권거래소에 전화를 걸어서 직접 취소를 요청했지만 이것도 거부당했다. 그래서 미즈호 증권은 매도 주문을 전부 되사기로 했다. 그 결과 대량의 매입 주문이 들어와 주가가 단숨에 상승했고, 9시 43분에는 상한가가 되었다. 그 후에는 오발주를 눈치채고 대량의 매수 주문을 넣는 개인 트레이더와 급락에 당황해 매도 주문을 넣는 주식 보유자 등이 뒤섞이면서 급등락을 거듭했다. 그 결과 10시 20분 이후에는 77.2만 엔을 유지했다.

여기에 오발주를 일으켰다고 의심받은 제이컴 주식의 주간사 닛코 코디얼 증권의 주가도 급락했으며, 그 여파로 다른 증권주와 은행주까지 매도 주문이 쏟아졌다. 그리고 오후가 되자 오발주를 한 회사가 손실 보전을 위해 보유 주식을 팔지 않겠느냐는 억측이 나돌면서 닛케이 평균 지수가 전면 하락했다.

이날 미즈호 증권이 입은 손실액은 무려 407억 엔에 이르렀다. 미즈호 증권은 시스템이 미비했던 탓에 이런 일이 일어났다며 도쿄증권거래소를 상대로 소송을 제기했고, 재판 결과 도쿄증권거래소는 107억 엔을 부담하게 되었다. 또한 이 사건으로 이익을 본 증권사에 이익의 반환을 요구하는 움직임이 일어났고, 6개 증권사가 요구에 응했다.

이것이 당시 큰 화제를 불러 모았던 제이컴 주식 오발주 사건의 개요다. 언론에서도 상당히 크게 보도했는데, 특히 개인 트레이더를 집중 조명했다. 이때 20억 엔이 넘는 이익을 낸 텔레비전 방송 등에서 일명 '제이컴남'으로 불린 BNF라는 개인 트레이더는 대량 보유 상황 보고서에 직업을 '무직'이라고 기재해 '무직의 억대 부자'로 주목을 받았다.

초 단위의 결단으로
6억 엔을 벌어들이다

이 사건 당시 나도 6억 엔 정도 이익을 봤는데, 그 경위를 내 시점에서 이야기하겠다.

이때 무엇인가 중대한 사건이 일어났음은 2채널의 주식 게시판을 보고 알았다. '터무니없는 매도 주문이 나왔어!'라며 게시판 전체가 난리법석이었기 때문이다.

이 사실을 알고 내가 제일 먼저 한 일은 그 매도 주문이 오발주인지 아닌지를 확인하는 것이었다. 당시의 증권사 단말기는 기발행 주식 수보다 많은 수치를 입력하더라도 그대로 매도 주문을 내 버렸다. 이에 관해서는 투자 관련 홈페이지에서 읽은 적이 있었다. 그래서 매도 주문이 나온 61만 주가 기발행 주식 수보다 많은지를 확인하고자 제이컴의 IPO_{신규 상장} 정보가 담긴 PDF를 열어서 살펴봤는데, 61만 주는 기발행 주식 수의 무려 40배나 되는 양이었다. 오발주임을 확신한 순간이었다.

'엄청난 기회가 찾아왔구나.' 나는 이렇게 느꼈다.

여기까지 걸린 시간이 약 20초였다. 확인에 시간을 들이고 나서 수동으로 주문을 넣어야 했기 때문에 이 이상 1초라도 더 지체했다가는 매도 주문이 취소되어 기회를 놓칠지 모른다는 초조함이 엄습했다. 나는 컴퓨터에서 윈도우를 차례차례 열고 500주씩 닥치는 대로 사들였다. 현재가 주문이 아니라 직접 가격을 입력해서 매수했다.

그렇게 해서 사 모은 주식의 수는 전부 합쳐 3,300주였다. 매수에 성공했다고 해서 가슴이 두근거리거나 흥분되지는 않았다. 내 머릿속은 '어떻게 해야 이 거래를 무효로 만들지 않을 수 있지?'로 가득했다. 미국의 경우 오발주에 관해 법률로 정해져 있지는 않지만 매수가 중 낮은 가격의 3배에 되사는 경우가 많은 것으로 알고 있었다. 그러나 일본에서는 그런 방향으로 진행되지 않을 것 같다는 생각이 들었다. 증권사의 오발주라고 가정했을 때 오발주한 매도 주문이 전부 팔려 버리면 그 회사는 조 단위의 손실을 입게 된다. 그러나 일개 증권사가 그런 액수를 감당할 수 있을 리가 없다. 그렇다면 이 거래를 전부 무효로 처리해 버리지는 않을까? 이것이 가장 두려운 시나리오였다.

그래서 주식을 사들인 지 10분 후에 처음으로 상한가를 기록하자 나중에 괜히 팔았다고 후회할 수 있다는 걸 알면서도 전부 팔아 버렸다. 계속 보유하다가 거래가 무효로 처리되어 버리기라도 하면 낭패를 보기 때문이다. 그리고 이렇게 해서 벌어들인 수억 엔으로 미즈호 파이낸셜 그룹과 닌텐도의 주식을 샀다가 다시 팔았다. 만약 제이컴 주식의 매매가 무효로 처리되었다면 이 거래도 성립하지 않을 것이다. 있을 수 없는 돈이기 때문이다.

미즈호와 닌텐도의 주식을 사고판 뒤, 그 금액 중 대부분은 출금 예약을 했다. (SBI 증권은 당일 출금 여력이 없더라도 전화를 걸어서 익일 출금을 예약할 수 있었다.) 도박은 돈이 내 계좌에 들어왔을 때 비로소 끝난다. 현금을 손에 쥘 때까지는 안심할 수 없었다. 크게 번 때일수록 돈을 벌었다는 사실에 기뻐하며 마음을 놓아서는 안 된다. 이익을 확정하기 위한 마무리 작업이 중요하다. 큰 이익일수록 내 주머니에 들어오지 않을 가능성이 높다. 전혀 다른 분야의 이야기이지만, 젊을 때부터 마작을 해 온 나는 너무 크게 따는 바람에 오히려 돈을 한 푼도 받지 못한 경험을 여러 번 했다. 이미 지나가 버린 일은 어쩔 수 없어도, 이 제이컴 주식 오발주 사건으로 벌어들인 이익이 무효가 되어 버리는 것만큼은 사양하고 싶었다.

안면이 있는 개인 트레이더 중 상당한 금액을 벌어들인 사람이 몇 있다. 무직의 억대 부자인 BNF와 역시 개인 투자자인 uoa는 대량 보유 상황 보고서를 제출하고 그대로 주식을 보유했다. 그리고 당일의 상한가보다 거의 20만 엔이 더 오른 1주당 약 97만 엔에 처분함으로써 대성공을 거두었다.

한편 나는 그들과 달리 이익의 최대화보다 어떻게 해야 무효로 처리당하지 않을까만을 생각했다. 오발주를 일으킨 회사가 어디인지, 피해 총액은 어느 정도일지도 생각해 봤다. 피해액이 너무 크면 거래 자체가 무효화되어 버릴 가능성이 있기 때문이다. 수천억 엔이라면 대형 증권사의 경우 오발주의 책임을 질 것이며, 그 회사의 주가는 하락할 것이다. 그래서 이에 대비해 대형 증권사나 은행의 주식을 공매도할까도 생각해 봤다. 이것은 어디까지나 내 머릿속에 있던 생각인데, 2채널의 게시판에서도 같은 이야기가 나오고 있었다. 인터넷의 정보는 역시 빠르다.

그러나 결국 공매도는 하지 않았다.

이 사건과 관련해 "매수한 제이컴 주식 3,300주를 왜 계속 보유하지 않았습니까?", "계속 보유하고 있었다면 더 큰 이익을 냈을 텐데요"라는 말을 종종 듣는다. 그러나 나는 같은 사건이 100번 일어나더라도 모두 그때처럼 행동하지 않을까 싶다. 뇌 속에서 시뮬레이션을 돌려 보면 리스크와 리턴의 균형을 생각했을 때 역시 똑같이 행동한다는 결과밖에 나오지 않기 때문이다. 이것이 옳은 판단이었느냐고 묻는다면 솔직히 나도 잘 모르겠다. 그러나 똑같이 행동하면 매번 똑같은 수준의 이익은 얻을 수 있을 것이다. 물론 그 이상의 이익은 얻지 못하겠지만, 그래도 상관없다고 생각한다.

앞으로도 오발주 사건이 일어날 수 있을까? 도쿄증권거래소는 제이컴 주식 오발주 사건 이후 애로헤드 arrowhead라는 시스템을 도입했다. 그 결과 대형 오발주 사건은 일어나기 어려워졌다. 2018년 2월 말에 수백억 엔 규모의 엄청난 매도 주문이 나온 적이 있는데 당시 나는 '이거 혹시 오발주인가? 왠지 아닐 것 같은데…'라고 생각해 사지 않고 지켜봤다. 만약 수백조 엔 규모였다면 100퍼센트 오발주겠지만 수백억 엔은 있을 법한 규모

이기 때문이다. 이후 주가가 상당히 하락한 것을 보면 누군가가 정말로 팔고 싶어서 매도 주문을 낸 것이 아닌가 싶다. 누가 어떤 의도로 팔려고 한 것인지 그 진상은 알 수 없지만 말이다.

참고로 그 종목은 닛산 자동차다. 2018년 11월 현재 카를로스 곤 전前 회장의 체포 및 해임으로 세상의 주목을 받고 있다.

끊임없이
가설을 생각한다

나는 투자 오타쿠라고 말할 수 있을지도 모른다. '이런 일이 일어나면 이런 전개로 이익을 낼 수 있지 않을까?' 같은 가설을 끊임없이 생각하며, 실제로 그런 아이디어를 수십 개 갖고 있다. 그리고 가끔이지만 머릿속에서 그렸던 일이 실제로 일어나면 '좋았어, 기회가 왔구나' 하고 쾌재를 부른다.

이것은 '엔화 약세가 되면 수출 산업은 이익이 증가하며 그 결과 주가도 상승할 것' 같은 상식적인 시나리오가 아니다. 오히려 명확한 논리가 있지만 대다수가 그런 일이 일어날 거라고 생각하지 않는 시나리오 혹은 논리가 불명확해서 누구도 그런 일이 일어날 거라고 생각하지 않지만 내 경험상 명확한 관련성이 있다고 생각하는 시나리오다.

가령 내가 노리는 것 중 하나는 닛케이 평균의 계산 방식과 관련된 것이다. 지금의 닛케이 평균은 유니클로를 운영하는 패스트리테일링, 화낙, 소프트뱅크 그룹, 교세라 등의 비중이 굉장히 크다. 작은 건설 회사라든가 주가가 수백 엔인 곳이 상한가를 기록하더라도 닛케이 평균에 끼치는 영향은 패스트리테일링의 주가가 10엔 또는 20엔 올랐을 때와 별 차이가 없다. 상당히 왜곡되어 있으며, 그 결과 단가가 높은 주식은 닛케이 평균 구성종목에 편입시키기가 어려워졌다. 예를 들어 닌텐도라든가 무라타 제작소처럼 1주당 1만 엔이 넘는 주식은 매년 닛케이 평균 구성종목으로 채용되지 않을까 이야기되면서도 아직까지 채용되지 않고 있다. 이런 단가가 높은 주식을 편입시키면 닛케이 평균이 300엔 정도는 순식간에 요동치기 때문이다. 그러면 닛케이 평균의 담당자는 "이런 종목을 채용하다니 정신이 나간 거 아니야?" 같은 말을 듣게 될 수 있으므로 지금은 주당 4,000엔~6,000엔이 채용 가능한 한계가 되었다.

여기에는 두 가지 해결책이 있다. 첫째는 그대로 편입시키는 것이다. 만약 하나라도 채용한다면 그다음에는 순차적으로 채용하게 된다. 아마도 닛케이 평균 구성종목 선정일이 한 달 앞으로 다가오면 애널리스트들이 "이번에 편입이 유력한 종목은 닌텐도와 무라타 제작소다" 같은 말을 하면서 호들갑을 떨 것이다. 그러면 편입되는 종목의 주가는 크게 상승할 터이므로 쏠쏠한 이익을 챙길 기회가 생긴다. 지금은 다들 '닌텐도는 주가가 너무 높으니까 닛케이 평균 구성종목으로 채용되지 않을 거야'라고만 생각할 뿐 여기까지는 생각하지 않는 듯하지만 말이다.

또 한 가지 해결책은 닛케이 평균의 계산 방법을 TOPIX처럼 바꾸는 것이다. 계산 방법을 변경한다는 말은 곧 주당 단가가 높은 주식을 편입시킬 수 있게 한다는 의미이므로, 사람들은 서서히 닛케이 평균 구성종목에 채용될 것을 노리고 단가가 높은 주식을 사들이게 될 것이다.

만약 이런 일이 일어난다면 나는 발표된 순간 주가가 1만 엔이 넘는 주식 중 아직 닛케이 평균 구성종목이 아닌 것을 사들일 것이다. 전체적으로 10~20퍼센트의 상승을 노리고 5~10종목을 각각 10억 엔씩 산다, 이런 식의 가설이다.

나는 이런 가능성을 늘 생각하고 있다.

— " —

"제이컴 주식 3,300주를 왜 계속 보유하지 않았습니까?"
"계속 보유하고 있었다면 더 큰 이익을 냈을 텐데요"
라는 말을 종종 듣는다.

그러나 나는 같은 사건이 100번 일어나더라도
모두 그때처럼 행동하지 않을까 싶다.

뇌 속에서 시뮬레이션을 돌려 보면
리스크와 리턴의 균형을 생각했을 때
역시 똑같이 행동한다는 결과밖에 나오지 않기 때문이다.

— " —

투자의 세계에는
알려지지 않은 공략법이 잠자고 있다

꽤 오래전, UFJ 은행이 망하는 게 아니냐는 이야기가 돌던 때의 일이다(UFJ 은행은 2006년에 도쿄미쓰비시 은행과 합병해 미쓰비시 도쿄UFJ 은행이 되었다 ─ 역주). 당시 다이에는 자본의 움직임이 있다는 이유로 도쿄증권거래소로부터 거래 정지를 당했다. 나는 그때 '어라, 거래가 정지되었네? 이건 어떻게 되려나' 하고 생각하면서 지켜봤는데, 흥미롭게도 도쿄증권거래소에 접수된 주문은 계속 갱신되고 있었다.

이것을 보고 나는 문득 어떤 생각이 들어 매수 희망가─사려는 쪽이 희망하는 가격─를 상한가에 맞춰 주문을 넣어 봤다. 어차피 거래 정지 상태라 주문을 넣는다 한들 거래는 성립하지 않을 것이었다. 그런데 웬걸, 이 주문 때문인지 UFJ 홀딩스와 다이쿄 등의 종목이 점점 상승했다. 이에 나는 UFJ 홀딩스와 다이쿄의 주식을 공매도한 다음 다이에의 주문을 취소했는데, 그러자 얼마 후 UFJ 홀딩스와 다이쿄의 주가가 하락했다. 나는 다시 UFJ 홀딩스와 다이쿄를 환매한 다음 다이에에 주문을 넣어 상한가로 만들었다. 그러자 UFJ 홀딩스와 다이쿄의 주가는 또다시 올랐고, 나는 또 공매도했다.

알고 보니 다이에와 다이쿄는 모두 UFJ 은행의 출자를 받고 있었다. 그래서 이 세 종목을 관련지어서 투자한 사람들이 있었던 모양인데, 보통은 소매 기업인 다이에와 부동산 기업인 다이쿄라는, 업태가 전혀 다른 종목의 주가가 연동되어 있으리라고는 꿈에도 생각하지 않을 것이다.

다이에 희망가 작전은 두 번까지는 성공적이었다. 나는 세 번째에도 가격이 오르면 다시 공매도를 하려고 했지만 이번에는 반응이 없었기 때문에 이대로 작전을 종료했다.

어떻게 이런 작전을 떠올렸을까? 과거의 IPO는 라멘 가게라든가 부동산 중개소라든가 IT 기업처럼 업종이 전혀 다르더라도 상장일이 비슷하면 연동해서 주가가 상승하곤 했다. 같은 날 상장된 두 종목에 대해 한쪽의 주식을 대량으로 보유한 다음 다른 쪽 주식을 사서 주가를 올리는 식의 작전을 실행한 적도 있었다.

이유를 설명하기는 어렵지만 전혀 다른 업종인데도 주가가 연동하는 경우가 있다. 가령 경호 온라인 엔터테인먼트라는 회사와 ACCESS(종목 코드 4813)라는 회사는 주당 단가가 높다는 점만 공통되며 그 밖에는 전혀 다른 회사인데 어째서인지 주가의 움직임이 연동되어 왔다. 메커니즘은 불명확하지만 실제로 이런 일이 일어나는 곳이 주식시장이다.

다이에는 거래 정지 상태여서 거래가 성립하지 않기에 나중에 취소해 버리면 그만이라 리스크가 없었다. 리스크 없이 이익을 낼 수 있으므로 이런 거래에는 가치가 있다.

할 수 있는 것은 무궁무진하다. 주식 투자라는 게임에는 아직 알지 못하는 공략법이 잠들어 있다.

주식시장에는
두 번째 미꾸라지도 있다

과거의 사례를 알아 두는 것도 도움이 된다. 과거의 사례를 공부한들 평상시에 별 도움이 되지 않는 것은 맞다. 다만 상상도 못했던 비정상적인 사태가 발생했을 때, 유사한 과거 사례를 알고 있으면 '이렇게 하는 편이 좋지 않을까?'라는 성공 이론을 금방 생각해 낼 수 있다. 가령 제이컴 주식 오발주 사건의 경우, 그때 내가 과거의 오발주 결제 사례라든가 오발주인지 아닌지 확인하는 방법을 몰랐다면 비교적 수비적인 투자 스타일인 나는 그것이 오발주임을 확신하고 사들인다는 결단을 내리지 못했을지도 모른다.

투자의 세계에서는 첫 번째 미꾸라지가 제일 많고 맛있다. 두 번째 미꾸라지도 첫 번째 미꾸라지만큼은 아니지만 나름 있다 (두 번째 미꾸라지는 한 번 성공을 거뒀다고 해서 같은 방법이 계속 성공하는 것은 아니라는 의미의 '버드나무 아래에 늘 미꾸라지가 있는 것은 아니다'라는 일본의 속담에서 파생된 표현이다 – 역주). 그러나 세 번째 미꾸라지부터 는 있을지 없을지 알 수 없다. 그래서 다른 사람들보다 먼저 움직이려고 노력하지만, 첫 번째 미꾸라지를 잡는 것은 굉장히 어려운 일이다.

두 번째 미꾸라지는 시장을 보고 학습해 이익을 낼 수 있을 것 같은 행동을 즉시 하는 것이다. 이렇게 해도 나름대로 이익을 볼 수 있다. 세상에 널리 알려진 뒤에 하는 것은 세 번째 미꾸라지다. 이쯤 되면 이익이 날지 손해를 볼지 알 수 없다. 《ZAi》 같은 투자 정보지나 《SPA!》 같은 종합 주간지에 실린 내용을 실천하는 것이 세 번째 미꾸라지의 전형적인 예다. 아니, 어쩌면 네 번째 미꾸라지일지도 모른다.

대중 매체에 실린 내용을 따라 해서는 너무 느릴 뿐더러 이미 많은 사람이 알고 있는 지식이기 때문에 다른 사람보다 앞서 나갈 수 없다. 이런 사실을 알아 두어야 한다.

책을 읽기만 해서는
투자에 성공할 수 없다

출판해 놓고서 이런 말하는 것은 조금 그렇지만, 책을 읽는 것만으로는 투자에 성공할 수 없다. 세상에는 투자나 경제학에 관한 책이 넘쳐나지만, 그런 책들은 전부 과거의 것이다. 가령 몇몇 경제학 교과서에는 '금리가 오르면 주가는 하락한다'고 적혀 있다. 금리가 오르면 채권의 가치는 높아지고, 주식의 가치는 하락한다는 메커니즘이다. 그러나 실제로는 금리가 상승할 때 주가도 같이 오르는 경우가 많다. 이처럼 때때로 경제학 이론과는 정반대의 결과가 나오기 때문에 '이 교과서는 거짓말만 하네'라고 생각하게 된다.

경기가 좋고 기업이 과거에 최고 이익을 경신해서 실적을 중시하는 투자자들 사이에 '좋았어, 사자!'라는 분위기가 형성되었을 때 일본은행이나 FRB(연방준비제도이사회, 미국의 중앙은행 같은 곳 — 역주)가 금리를 올리면 주가는 쑥쑥 올라간다. 하지만 주가는 어느 순간 상승을 거듭해 최고치를 경신한 다음 뚝 떨어진다. 대형 펀드나 투자 은행이 이 정도 수익률이라면 채권을 사는 편이 더 이익이 아니겠느냐고 생각한 순간 주식을 1000억 엔 단위로 매도하고 그 돈을 채권에 투입하는 메커니즘이 아닐까 생각한다. 그래서 '금리가 오르면 주가는 하락한다'라고만 적혀 있는 책과 달리, 실제로는 자금이 주식에서 채권으로 원활하게 이동하지 않는다.

이와 같은 현실에서는 '언제라도 즉시 발을 뺄 수 있는 매수'가 좋다. 큰 포지션을 잡지 말고 분위기가 수상하다 싶으면 즉시 팔아서 현금화한다.

그리고 신문이나 잡지에 '지금까지의 역사를 되돌아봤을 때 금리 상승 국면에서는 주가가 상승하다 그 후에 폭락한다' 같은 기사가 실리면 그것으로 끝이다. 만약 이 책이 많이 팔려서 많은 사람이 읽게 된다면 상황은 또 달라질 것이다.

앞서도 말했듯이 시장에서는 첫 번째 미꾸라지가 제일 맛있다. 다만 첫 번째 미꾸라지를 독자적인 이론으로 잡는 것은 매우 어려운 일이다. 그렇게 생각하면 금리가 상승하는 국면에서는 선물을 사면서 현재가보다 1,000엔 이상 낮은 풋옵션(주식이 폭락했을 때 손실을 줄이는 보험 같은 기능을 하는 것)을 사는 전략이 좋을지도 모른다. 다만 이 방법도 많은 이가 알게 되면 통하지 않는다. 시장이라는 곳은 리스크를 회피하는 방향으로 나아가기 때문에, 폭락한다는 이미지가 두 번 정도 머릿속에 심어지면 세 번째에는 이를 경계해 반대로 움직이기도 한다. 그런 의미에서도 시장이 어떻게 생각하느냐가 중요하다.

최근에 '러브 라이브!'의 스마트폰 게임을 운영하고 있는 KLab이라는 기업의 주가가 등장 캐릭터의 생일이 되면 상승하는 현상이 화제가 되었다. 그 캐릭터의 팬들이 생일 축하 선물로 주식을 사는 것이 아니냐는 추측에서 '생일 투자법'으로 불리기도 했다. 이 투자법도 처음 그리고 뒤늦게 눈치를 채서 매매한 사람은 성공했다. 하지만 인터넷에서 화제가 되고 일찍 사놓았다가 생일 당일에 팔려는 사람이 늘어나면서 세 번째, 어쩌면 네 번째 미꾸라지를 잡는 시도는 결국 당일 주가 하락으로 마무리되었다.

08

언론은
무책임하다

투자에 관해서는 언론을 믿지 않는 편이 좋다.

주식 관련 텔레비전 방송에서는 오전 장이 끝나면 1시간 단위로 거래 대금 순위를 발표하고 이에 대해 해설하곤 한다. 가령 "엔화 강세에도 미국 시장에서의 실적에 대한 기대로 도요타 자동차에 매수 주문이 쏟아져 거래 대금 1위를 기록했습니다"와 같은 식이다.

그 무렵의 도쿄증권거래소 거래 대금 상위 종목 중에는 나역시 매수한 종목이 상당수 있었다. 지금은 오전 장에만 거래를 하고 있지만 수십억 엔 규모로 매매할 때도 있기 때문에 오전 장의 거래에서 차지하는 비중이 상당히 크다. 그날의 거래가 종료되는 오후 3시까지 가면 거래 대금 상위 종목 중 나의 비중은 10퍼센트 미만으로 떨어지지만, 오전 10시의 시점에는 거래량의 30퍼센트를 차지하는 경우도 있다.

그래서 하는 말인데, 해설 방송에서는 환율이라든가 미국 시장이라든가 적당한 요소들을 그럴듯하게 연결해 설명을 지어낼 뿐이라는 생각이 강하게 든다. 한 예로 해당 매매의 30퍼센트를 차지하며 주가 움직임을 주도할 때가 있는데, 이런 사실을 모르는 해설 방송에서는 이 건을 두고 내 생각과는 전혀 다른 이유를 멋대로 상상해서 이야기한다. 나는 그저 내일 팔 생각으로 샀을 뿐인데 말이다.

예전에 소프트뱅크 그룹의 주식을 50억 엔 가까이 손절매한 적이 있었다. 그때 방송에서는 "어제 중국 알리바바 그룹의 주가가 하락한 영향도 있어서 소프트뱅크가 거래 대금 1위를 기록하며 하락했습니다"라는 식의 해설이 나왔다. 그저 내가 항복하고 손절했을 뿐인데 말이다. 뜬금없이 언급된 알리바바로서는 아닌 밤중에 홍두깨였을 것이다.

게다가 여기에서 그치지 않고 이런 거래 해설을 바탕으로 주가를 분석한 책 등이 만들어진다. 그래서 나는 주식 책을 신용하지 않는다.

언론에 관해 이야기하다 보니 생각이 났는데, 어떤 주간지가 '세계 동시 주가 하락으로 37억 엔을 벌어들인 사내, 직격 인터뷰!'라는 선전 문구와 함께 내 특집 기사를 실은 적이 있었다. 지면에는 '해외 언론을 제외하면 취재에 응하지 않았던 그 사내와 접촉하는 데 성공했다' 같은 내용이 있었는데, 나는 인터뷰를 한 적이 없다. 기사를 보니 내가 트위터에 쓴 글을 그대로 인용했더라. 트위터를 조금 인용하는 정도라면 딱히 신경 쓰지 않지만, 마치 직격 인터뷰인 것처럼 날조를 하니 도저히 신용할 수가 없다.

— " —

투자의 세계에서는 첫 번째 미꾸라지가 제일 많고 맛있다.
두 번째 미꾸라지도 첫 번째 미꾸라지만큼은 아니지만 나름 있다.
그러나 세 번째 미꾸라지부터는 있을지 없을지 알 수 없다.

그래서 다른 사람들보다 먼저 움직이려고 노력하지만,
첫 번째 미꾸라지를 잡는 것은 굉장히 어려운 일이다.

— " —

제3장

수익을 내기 위한 첫걸음은 장소와 자신을 냉정하게 바라보는 것이다

적정한 가격이라는 것은 본질적으로 존재하지 않는다

지금까지 이야기했듯이 나의 매매 수법은 단순하다. 동료 트레이더들도 그렇게 생각하는 듯하다. 내가 어떤 주식을 샀을지 혹은 팔았을지를 상당히 높은 확률로 알아맞힐 수 있다고 하니까. '이 주식, cis는 팔지 않았을까?'라는 생각이 들어서 알아봤더니 실제로 팔았더라는 이야기도 들은 적이 있다.

수익을 내고부터는 꽤 단순해진 듯하다. 경험이 쌓일수록 전술의 가짓수는 늘어나지만 생각은 굉장히 단순해진다. 주식 투자를 하는 사람이라면 이해할 것이다.

그렇다면 왜 모두가 나처럼 행동하지 못하는 것일까? 그 이유는 설령 단순하더라도 돈이 걸려 있으면 행동하기가 쉽지 않기 때문일 것이다. 넓은 시야로 바라보면 파는 게 좋을 때도 '혹시 반등하지 않을까?' 같은 생각이 밀고 들어와 복잡해지는 것이다.

주가가 올라서 신고가를 기록했을 때 나는 기꺼이 그 주식을 사들인다. 그러나 평범한 사람들은 선뜻 매수하지 못한다. 신고가를 기록했으니 곧 반락하지 않을까 생각하는 것이다. 물론 사과의 가격이 계속 올라서 한 개에 400엔이 되었다면 보통은 사고 싶은 마음이 들지 않을 것이다. 그러나 주식은 다르다.

많은 사람이 '싸게 사서 비싸게 판다'는 발상으로 주식 투자를 하는데, 이때 그들은 과거와 비교해서 싼지 비싼지를 판단한다. 주가가 오르고 있으면 과거와 비교했을 때 비싸니까 안 사고, 주가가 떨어지고 있으면 과거와 비교했을 때 싸니까 사면 이익이라고 생각한다.

분명 버블은 존재한다. 그러나 적정한 가격이라는 것은 본질적으로 존재하지 않는다. 그저 산 가격보다 비싸게 팔면 이익이 난다. 과거와 비교하지 않는 편이 좋다.

주식 투자를
시작했을 때 이야기

　주식 투자를 시작했을 무렵 나는 계속 잃기만 했다. 인터넷 증권사에 계좌를 개설해 300만 엔을 입금한 것이 투자의 시작이었다. 대학 시절에 모은 약 1000만 엔 중에서 300만 엔을 자본금으로 삼은 것인데, 나머지 700만 엔도 나중에 추가로 입금했고 매달 받는 급여에서도 생활비 5만 엔을 제외한 20만 엔 정도를 꾸준히 주식에 쏟아부었다. 그러나 계좌의 잔액은 계속 줄어들기만 했다.

　그 무렵에는 여러 기업의 재무 상황을 내 나름대로 분석해 저평가되었다고 판단한 주식을 사들였다. 같은 업종 중에서 저평가된 종목을 선택해 제 가치를 인정받을 때까지 보유함으로써 이익을 내자는 전술이었다. 요컨대 재무 분석을 해서 기업의 가치를 평가한 다음 주식을 사는 펀더멘털 투자를 했던 것이다.

예를 들어 다른 요소는 완전히 똑같다고 가정했을 때 10억 엔의 이익을 내는 회사의 시가총액이 100억 엔이고 100억 엔의 이익을 내는 회사의 시가총액이 500억 엔이라면 500억 엔인 쪽을 산다. 이익은 10배인데 시가총액은 5배밖에 안 되기 때문이다. 한편 100억 엔의 이익을 내는 회사의 시가총액이 5000억 엔—10억 엔의 이익을 내는 회사의 50배—이라면 시가총액이 100억 엔인 쪽이 더 저평가된 상태이므로 그쪽을 산다. 이것이 당시 나의 방식이었다.

내가 계속
잃기만 했던 이유

그 시절, 도쿄증권거래소 1부 상장 기업은 전체적으로 고평가된 반면에 자스닥이나 도쿄증권거래소 2부 상장 기업은 수치상으로 저평가된 경향이 있었다. 그런 상황 속에서 내가 주목한 종목 중 하나는 훗날 JAL에 통합되는 항공 회사인 일본에어시스템JAS이었다. 이 회사의 주식은 JAL이나 ANA에 비해 명백히 저평가되어 있었다. 그래서 틀림없이 언젠가 그 진가를 인정받아 적정한 수준까지 오르리라고 생각해 사들였는데, 주가는 계속 떨어졌다. 그래도 조만간 반등하지 않을까 싶어 추가로 매수했지만 주가는 더 떨어졌다. 결국 일본에어시스템은 불리한 주식 교환 비율로 JAL에 흡수되었고, 그 결과 이제 고평가 상태가 된 쓰레기 같은 유가증권을 받게 된 나는 막막한 상황에 몰려 버렸다.

당시는 닛케이 평균이 1만 엔대가 무너질 기세로 하락하고 있었는데, 애널리스트들은 저평가 상태이니 매수 기회라고 떠들었다. 그때 나는 애널리스트들이 하는 말은 전혀 신용할 수 없음을 배웠다. IT 버블이 붕괴되고 신흥 소형주가 엄청난 기세로 오르기 직전이었던 그때, 저평가된 주식을 살수록 손해가 쌓여 갔다. 일본에어시스템뿐만이 아니라 내가 산 다른 종목들도 전부 실패해 반년 동안 잃기만 했다. 그렇게 해서 날린 돈이 대략 1000만 엔에 이르렀고, 계좌의 잔액은 104만 엔까지 줄어들었다.

이 시절에 내가 실수한 점은 저평가라는 판단이 어디까지나 주관에 불과함에도 그 사실을 깨닫지 못한 것이었다. 재무 분석을 통해서 저평가인지 아닌지 여부를 판단했지만 이것은 모두가 아는 사실이었으며, 주가는 그런 것을 다 감안한 상태에서 거래된 결과물이다. 요컨대 주가가 기업의 가치를 올바르게 반영하지 못한다고 생각하기보다는 주가가 정답이며 세상 사람들이 적정하다고 간주하는 숫자라고 생각하는 편이 옳다. JAL이나 ANA나 JAS 같은 대형 종목은 사람들이 충분히 연구하기 때문에 저평가된 채 방치된다는 것은 사실상 불가능한 일이다.

아울러 저평가된 것처럼 보였더라도 그것은 누구나 아는 정보에 불과하다. 내부 정보가 있어서 가치가 명백히 상승 혹은 하락할 것을 그 직전에 알 수 있지 않은 한, 기업의 잠재력과 주가가 어떻게 움직일지는 명확히 알 수 없다. 그렇다면 내게 우위성은 없다. 그러나 어떤 형태로든 타인을 앞지르지 않으면 타인의 부를 빼앗을 수 없다.

모두가 아는 정보만으로는 안정적으로 수익을 낼 수 없다. 신뢰받는 기업은 더욱 신뢰받고, 저평가된 주식은 더욱 저평가된다. 이것이 사실에 더 가깝다. 주식시장은 공평함이나 평등함 같은 개념을 기반으로 움직이는 곳이 아니다. 내 멋대로 저평가라고 단정하고 사면 계속 잃을 뿐이다.

— 66 —

분명 버블은 존재한다.
그러나 적정한 가격이라는 것은
본질적으로 존재하지 않는다.
그저 산 가격보다 비싸게 팔면 이익이 난다.
과거와 비교하지 않는 편이 좋다.

— 99 —

시장에 관해서는
시장에서만 배울 수 있다

"어떻게 공부했나요?"라는 질문을 종종 받는데, 나는 그저 열심히 주가의 움직임을 살펴봤을 뿐이다.

시장에 관해서는 시장에서만 배울 수 있다. 책에 적혀 있는 내용은 과거의 것이기에 미래에는 도움이 되지 않는다.

"얼마나 노력하시나요?"라는 질문도 종종 받는데, 한밤중에 주가의 움직임을 보고 싶어 잠자리에서 일어날 정도이니 분명히 노력은 하고 있다. 보기 싫은데 억지로 보는 것이 아니라 게임을 하는 감각으로 본다. 나는 지금까지 그래 왔다.

트레이더로서 어려운 점은 자신의 이론을 수없이 부정해야 한다는 것인지도 모른다. 산 주식의 가격이 하락하면 손절을 하는데, 손절한 뒤에 올랐을 경우 다시 한 번 산다는 행위를 어떻게 받아들일 것인가? 이것은 손절한 시점에 자신이 틀렸음을 인정하고 항복했는데 나중에 자신이 항복했던 것까지 틀렸다고 인정하는 행위가 된다. 그러나 나는 이런 것을 신경 쓰지 않는다. 어떤 승부든 마찬가지지만, 자신을 객관적으로 바라보지 못하는 사람은 승리하지 못한다.

　주식 투자 방법론을 바꾸는 것은 주식 투자를 시작해 계속 잃기만 하던 상황에서 벗어났을 무렵을 제외하면 딱히 생각한 적이 없다. 다만 꾸준히 결과를 통해서 학습해 왔으니 그때그때 마이너 체인지 정도는 해 왔다고 말할 수 있을지도 모른다. 수익을 내기 시작했을 때는 연금 또는 펀드를 매수하거나 가장 인기가 많을 것 같은 소형주를 사들이는 방법으로 바꿨다. 이 것은 지금도 좋은 방법이라고 생각한다. 그런 뒤에는 이 방법을 기본으로 삼으면서 역행 투자도 하고, 조금 장기적인 관점에서 순행 투자도 하는 등 방법의 가짓수를 늘렸다. 앞에서 물타기는 최악의 테크닉이며 리스크 헤지는 하지 않는다고 말했지만, 해당 테크닉으로 균형을 유지하면서 관망할 때도 있다.

'요즘 영 수익을 못 내고 있네'라고 생각한 적은 수없이 많았지만, 나는 끝이라고 생각해 은퇴하기 전까지는 절대 슬럼프라는 말을 하지 않을 예정이다. 그저 몇 분 후의 주가, 내일의 주가가 어떻게 될지에 대해 열심히 생각할 뿐이다. '나, 정말 괜찮은 걸까?'라든가 '공격적이어야 할 때와 수비적이어야 할 때를 잘못 판단하고 있는 것은 아닐까?' 같은 고민을 할 여유는 없다. 중요한 것은 나 자신의 상태가 아니라 시장이다. 철저히 시장에 맞추는 수밖에 없다.

주식 투자를 시작하고 약 반년 만에 수익을 내기 시작했지만, 시장에 대한 이해력은 역시 경험을 쌓을수록 달라진다. 지금의 이해력이 100이라면 수익을 내기 시작했을 무렵에는 20 정도에 불과했다. 지금 되돌아보면 이해력이 부족했으며, 어쩌다 보니 운 좋게 수익을 냈던 측면도 있다. 당시는 기관 투자자나 펀드 등의 거대한 자금이 매수를 하는 국면이었기에 그 흐름에 올라타는 형태로 투자하는 수밖에 없다고 생각했다. 어디에서 수익이 나는지를 재빨리 학습해 신속하게 행동하고, 이때 신용 거래를 최대한으로 이용했다. 한편 지금은 당시에 비해 시장의 복잡성이 강화되었다. 그 결과, 나는 전보다 더 시장을 믿지 않게 되었고, 더욱 소심해졌다. 그래서 금방 발을 뺀다.

뉴스는 NHK보다
트위터가 더 빠르다

평소에 내가 보는 것은 주가의 동향과 트위터다. 기본적으로는 주가의 동향을 보다가 수상한 움직임이 보이면 일단 포지션을 가볍게 만든 다음 뉴스를 확인한다. 가령 닛케이 평균 선물을 1,000랏 사 놓았는데 30초 만에 150엔 정도 하락했다고 가정하자. 이럴 때는 심각한 사태가 발생하더라도 괜찮도록 일단 500랏 정도를 팔아서 포지션을 가볍게 만든 다음 뉴스 등을 확인한다. 요컨대 상황 파악이 안 된 상태에서도 손실을 받아들이는 것이다. 그런 뒤에 아무 일도 없었다는 듯이 회복될 때도 있어서 허탈함과 함께 '대체 뭐였지? 내 재산을 깎아 먹으려고 떨어졌던 건가?'라는 터무니없는 생각까지 들기도 하지만, 그것은 그것대로 받아들이는 수밖에 없다.

뉴스는 트위터가 제일 빠르다. 다시 말해 입소문이다. 미국 대통령 선거에서 트럼프가 당선되었을 때 현지의 트위터가 제일 빨랐고, 약 30초 후에 로이터와 블룸버그 등이 그 소식을 알렸다. NHK 등 일본의 뉴스는 이보다 몇 분이 더 늦었다.

그래서 나는 기본적으로 트위터에서 뉴스를 확인한다. 신문이나 잡지도 읽지만 이것은 심심풀이용에 지나지 않는다. 가상화폐 거래소인 코인체크에서 넴NEM이라는 가상화폐가 도난당한 사건도 뉴스보다 입소문이 더 빨랐다. 트위터에 '엄청난 양의 넴이 이동한 이력이 있는데 이거 정상적인 건가?'라는 트윗이 올라온 것이 시작이었다. 내가 팔로우한 사람은 아니었지만 중요한 정보는 많은 사람이 리트윗하기에 자연스럽게 눈에 들어온다.

일본, 미국, 유럽 중에서 시차 관계상 월요일에 제일 먼저 시장이 열리는 곳은 일본이다. 그래서 주말에 세계적인 사건이 일어나면 일본에서 제일 먼저 영향이 나타난다. 영국의 EU 탈퇴 결정, 트럼프의 승리 등 서양에서 커다란 정치적 사건이 일어나면 일단 매도 물량이 쏟아진다. 이때 일본에서는 주가가 과도하게 하락하는 경향이 있다. 내 경험상 이때는 90퍼센트의 확률로 역행 투자를 해도 된다. 트럼프의 대통령 당선처럼 '앞으로 세상이 어떻게 되려나?'라는 우려가 쏟아지는 상황일수록 역행 투자의 기회다. 물론 이것은 대형 사건이 터졌을 경우의 이야기다. 평상시에 다우 선물이 하락했다고 해서 역행 투자를 하는 것은 '오르고 있을 때는 산다'라는 원칙에 위배된다.

이와 반대의 패턴으로, 주말에 미국에서 호재가 발생해 다우 선물이 400 정도 크게 상승했을 때 닛케이 평균도 폭등했다면 공매도를 한다. 대개는 원래의 수준으로 돌아가기 때문이다.

내부 거래
눈치채기

　나처럼 마우스를 딸깍딸깍 클릭해 매매하는 사람은 수상쩍은 거래의 도움을 받기도 한다. 그 대표적인 예가 내부 거래나 작전주다. 가령 어떻게 봐도 수상쩍은 매도 주문이 나왔고 내일도 주가가 상승할 것 같지 않을 경우 나는 '그렇다면 일단 발을 빼고 볼까?'라고 판단해 편승 매도를 한다. 이렇게 발을 뺀 뒤에 악재가 터져서 다음 날 주가가 폭락하는 경우가 꽤 있다.

　내부 거래가 의심되는 수상쩍은 매매는 유심히 관찰하면 상당한 확률로 발견할 수 있다. 가령 라이브도어 사태(당시 급성장하던 벤처 기업 라이브도어의 호리에 다카후미 사장 등이 분식 회계와 주가 조작 혐의로 기소된 사건─역주)의 경우도 상당히 이른 단계에 손을 털고 빠져나간 사람이 많았다. 신흥주들의 주가가 쑥쑥 오르는 가운데 라이브도어만 700엔 정도에서 전혀 오르지 않아 이상하다고 생각했는데, 나중에 알고 보니 검찰의 표적이 되어 있었다.

지금 시대는 정보가 쉽게 새어 나가기 때문에 수상쩍은 매도 주문이나 매수 주문이 나왔다면 내부 거래가 아닐까 생각해 보는 것이 좋다. 나쁜 소문이 퍼져서 이 주식은 사고 싶지 않다거나 빨리 팔아 버려야겠다고 생각하는 사람들이 있으면 다른 주식과 비교했을 때 주가의 움직임이 이상해진다. 그런 신호는 고마운 것이니, 발견했다면 그 주식에는 손대지 않는 편이 좋다.

앞에서 나는 발을 빼는 속도가 상당히 빠른 편이라고 말했는데, 그런 투자 스타일이 이런 상황에서는 도움이 되곤 한다. 주가의 변동을 계속 지켜보다가 수상쩍은 움직임을 발견하면 '매도 주문이 엄청난데? 수상하니 일단 다 팔아서 현금으로 바꿔 놓자'와 같은 식으로 행동하다 보니 위기를 모면하는 측면이 있는 것이다.

큰돈이 움직이면 내부 거래나 기타 경제 범죄도 많아진다. 미래에는 이런 것을 컴퓨터로 단속할 수 있게 되어 세상이 깨끗해지면 좋겠다.

어떻게 해야 내부 거래일 가능성이 있는 수상쩍은 매매를 간파할 수 있을까? 나도 처음에는 전혀 눈치채지 못했다. 언제부터 눈치챘는지는 기억나지 않지만, 2주 정도 호가창을 계속 지켜보면 알 수 있게 되리라고 생각한다. 생각했던 것과는 전혀 다른 측면이나 새로운 것이 보이게 된다. 소량이라도 좋으니 사놓고 주가의 움직임을 지켜보면 배울 수 있는 것이 굉장히 많다. 오르고 있다거나 내리고 있다는 전체적인 움직임 이전에 그 움직임의 구성 요소인 매도 주문과 매수 주문을 개별적으로 살펴봄으로써 알 수 있게 되는 것이 있다.

— 66 —

트레이더로서 어려운 점은
자신의 이론을 수없이 부정해야 한다는 것인지도 모른다.
산 주식의 가격이 하락하면 손절을 하는데,
손절한 뒤에 올랐을 경우
다시 한 번 산다는 행위를 어떻게 받아들일 것인가?

그러나 나는 이런 것을 신경 쓰지 않는다.
어떤 승부든 마찬가지지만,
자신을 객관적으로 바라보지 못하는 사람은
승리하지 못한다.

— 99 —

작전주로 의심되는 주가의
움직임이 있다면 기회다!

작전주에 대응하는 건 상당히 자신이 있다. 수요와 공급이 비정상적이어서 주가의 변동이 심한 종목은 데이 트레이더에게 절호의 소재가 된다. 작전 세력이 어떤 의도나 경위로 그 종목을 사고 있는지는 내 관심사가 아니다. 작전주를 발견하는 즉시 올라탔다가 일찌감치 팔아 버리면 높은 투자 효율을 기대할 수 있다.

지금은 내가 움직이는 자금의 규모가 커져 버린 탓에 소형주를 잘 살펴보지 않지만 총자산이 60억 엔 정도였을 때까지는 소형주도 많이 살펴봤는데, 수상한 움직임을 보이는 종목을 종종 목격했다.

다만 사람들이 작전주라고 말하는 종목이라도 그것이 정말로 작전주인지는 알 수 없다. 가령 2003년경부터 주가가 지속적으로 상승했던 신흥주들도 처음에는 작전주라는 말을 들었다. 그러나 여러 세력이 사고 또 사서 주가가 엄청나게 올랐고, 최종적으로는 연금 등의 대형 기관 투자자들이 사들임으로써 대형주가 되었다.

작전주처럼 보이더라도 실제로 누가 사고 있는지는 알 수 없다. 그러니 부정확한 정보를 근거로 작전주인지 작전주가 아닌지를 판단하려 하지 말고, 주가의 움직임만을 보자.

눈먼 자금이 움직일 때는
돈을 벌 기회다

국민연금 같은 '눈먼 자금'이 유입되고 있거나 유출되고 있을 때가 돈을 벌 가장 좋은 기회다. 지금은 전체 규모가 커진 것에 비하면 눈먼 자금의 비율이 감소했다. 참고로 눈먼 자금은 국민연금, 투자신탁, 해외 펀드 등을 말한다. 이런 기관들은 기계적으로 일정 기간 동안 몇몇 종목에 수백억 엔어치 자금을 쏟아붓기도 한다. 그런 식의 대규모 거래를 나는 '눈먼 자금'이라고 부르거나 거대한 힘이 작용하고 있다는 의미에서 '포스'라고 부른다.

눈먼 자금이 유입되고 있을 때는 여기에 편승하기만 해도 큰 수익을 낼 수 있다. 반대로 유출되고 있을 때는 다 팔았다는 생각이 들기 직전 정도부터 매수를 노린다. 눈먼 자금이 유출되고 있을 뿐만 아니라 그 밖에도 하락할 것 같은 요인이 있을 경우에는 공매도를 하기도 한다. 재무 상태가 상당히 나쁘다거나 증자가 있을 것 같을 때 등이다.

미리 말해 두지만, 나는 공매도를 그다지 좋아하지 않는다. 비용이 들기도 하고, 기발행 주식 수의 0.2퍼센트 이상을 공매도하면 보고 의무가 발생하기 때문에 귀찮다. 0.2퍼센트를 넘기는 것은 정말 순식간이다. 2017년에 고베 제철소가 알루미늄과 철강 제품 등의 검사 데이터를 조작한 사건이 발생했을 때도 공매도를 조금 했을 뿐인데 공매도 잔액 보고서를 제출해야 해서 귀찮았다. 그래도 지금은 인터넷 증권사에서 대신 제출해 주는 경우가 많아 상당히 편해지기는 했다. 가령 SBI 증권 등은 자동으로 작성한 다음 오류가 없는지 확인을 요청한다.

참고로 지금 내가 이용할 가능성이 있는 인터넷 증권사는 SBI 증권, 라쿠텐 증권, 주식닷컴 증권, SMBC닛코 증권, 모건스탠리 증권, 미즈호 증권의 여섯 곳 정도다. 예전에는 어떤 증권사가 점검 등으로 거래를 할 수 없게 되면 다른 증권사에서 거래해야 했기 때문에 여러 곳을 이용할 필요가 있었다. 그러나 지금은 그럴 필요가 없어졌다. 스마트폰용 앱도 보기 편해지는 등 투자하기 편한 환경이 되었기에 그렇게 많은 인터넷 증권사를 이용할 필요는 없어졌다.

09

냉정함을 잃어버리기 전에
은퇴한다

　오랫동안 주식 투자를 하면서 리스크 관리 등의 종합적인 실력이 향상된 감은 있다. 29살이었을 때 문득 '지금의 나는 작년의 나를 못 이기지 않을까?' 하는 생각을 했는데, 어느덧 그로부터 10년이 더 지나 39살이 되었다. 나의 투자 실력은 이미 한참 전부터 내리막길을 걷고 있다. 자산을 별개로 생각하면 머리와 몸이라는 생물로서의 종합적인 능력은 명백히 하락하고 있다. 그런 까닭에 현재 나의 가장 큰 과제는 과신하지 않고 적절한 은퇴 시기를 정하는 것이라고 할 수 있다.

언젠가 은퇴한다고 가정했을 때 이후에 어떤 생활을 할지는 알 수 없다. 몸이 허약하고 따뜻한 곳을 좋아하기 때문에 겨울에는 몰디브라든가 남반구로 떠날지도 모르고, 멀미를 해서 비행기 타는 것을 싫어하기 때문에 계속 도쿄에 머무를지도 모른다. 그때가 되어 봐야 알 수 있을 것 같다.

— 66 —

작전주처럼 보이더라도
실제로 누가 사고 있는지는 알 수 없다.

그러니 부정확한 정보를 근거로
작전주인지 작전주가 아닌지를 판단하려 하지 말고,
주가의 움직임만을 보자.

— 99 —

제 4 장

직업:
트레이딩 기술자

트레이딩 기술자의
아침

게임을 잘한다는 특기를 활용할 수 있는 시대에 태어나서 다행이다. 트레이딩이란 '돈을 빼앗고 빼앗기는 게임'이며, 지금의 나는 트레이딩 기술자에 불과하다. 다만 내 경우는 돈을 빼앗고 빼앗기는 측면보다 게임이라는 측면에 더 즐거움을 느낀다.

나는 그저 게이머일 뿐이다. 내가 좀 더 옛날에 태어났다면 내세울 것이라고는 하나도 없는 인간으로서 평생을 살지 않았을까 싶다. 다행히 지금 시대에 트레이딩 기술자가 되었기에 230억 엔이라는 자산을 쌓을 수 있었고, 지금은 그중 상당 금액을 움직이며 주식 투자를 하고 있다.

억 단위의 돈을 움직일 때가 많기에 '만약 메이지 시대였다면 정부 수준의 힘이 있어야 할 수 있었던 일도 할 수 있지 않았을까?' 하는 생각이 들기도 한다. 물론 그렇다고 해서 당시의 정부처럼 제철소를 만들 생각은 없고, 솔직히 말하면 이 이상 돈을 벌 필요도 없다. 여전히 주식 투자를 하는 이유는 그저 재미있어서다.

트레이딩 기술자의 아침은 일찍 시작된다. 8시 정도에 일어나며 8시 55분에는 컴퓨터 책상 앞에 앉는다. 다만 100억 엔이 넘는 매매를 하려고 할 때는 밤중에 서너 번씩 잠에서 깨고, 6시 반 무렵부터 환율을 보면서 어떻게 될지 생각하기도 한다. 이런 것 하나하나가 내게는 너무나도 즐겁다.

옛날에는 미국 시장 등도 살펴보면서 하루 종일 투자를 했는데, 그러다 보니 아드레날린이 하루 종일 분출되어서 건강이 나빠졌다. 그래서 지금은 기본적으로 오전 장에만 매매를 한다. 오전 장에서 중요한 시기는 대부분의 경우 주가의 움직임이 가장 심한 9시부터 9시 20분까지다. 이후의 시간에는 만화책 또는 잡지를 읽거나 다른 일을 하면서 가끔 곁눈질로 살펴보는 정도에 그친다. 오후 장에는 트레이딩을 하지 않고 집 밖으로 나간다. 일주일에 두세 번은 투자자 동료들과 함께 마작을 즐긴 뒤 술을 마시러 간다.

예외적으로
주식을 매수한 경우들

나는 기본적으로 장기 투자는 하지 않는다. 내일의 주가도 예측할 수가 없는데 반년 후라든가 1년 후, 나아가 10년 후의 주가가 어떻게 될지 예측할 수 있을 리가 없기 때문이다. 어디서 봤는지는 잊어버렸지만 세계의 저명한 애널리스트 수백 명의 장기 예측 결과가 보도된 적이 있는데, 그 결과를 보면 예측의 정확도가 45~55퍼센트를 오간다. 그리고 내 기억이 정확하다면 평균은 분명히 49퍼센트 정도였다. 반반에서 딱 1퍼센트 모자란, 다시 말해 동전 던지기를 해서 예측하는 것과 차이가 없는 수치다.

주식을 전문적으로 공부해 온 애널리스트의 예측이 동전 던지기를 해서 예측하는 것과 별반 차이가 없다는 것은 장기 투자가 그만큼 어렵다는 의미다. 한편 지금 매도 주문이 많다거나 매수 주문이 많다는 것은 호가창을 보면 알 수 있으므로 사는 쪽에는 우위성이 있다. 그런 현시점의 우위성을 믿고 매매하는 것이 장기적인 전망보다는 확실하다고 생각한다.

내 목적은 어디까지나 트레이딩일 뿐, 사회적인 투자라든가 배당금 또는 주주 우대 특전에는 전혀 흥미가 없다. 그런 것은 거의 수익이 나지 않는다고 생각하기 때문에 배당금이나 주주 우대 특전을 노리고 주식을 사지는 않는다. 다만 쇠고기덮밥 체인을 운영하는 요시노야 홀딩스와 마쓰야 푸드 홀딩스의 주식은 예외적으로 보유하고 있는데, 가령 마쓰야는 무료로 덮밥을 먹을 수 있는 우대권을 1년에 10장 주기 때문이다. 게다가 마쓰야의 경우는 식권을 사기 위해 줄을 설 필요가 없다는 기능적인 이점도 있다. 식권 판매기를 사용하지 않고 곧바로 의자에 앉아서 점원에게 우대권을 내밀며 "소불고기 정식 곱빼기 주세요"라고 주문하면 된다.

돗토리에 갔을 때 튜브에 들어 있는 콜라겐 사과 젤리를 샀는데 너무 맛있어서 그 상품을 만든 고토부키 스피리츠라는 회사의 주식을 산 적이 있다. 그때는 심지어 공항에도 사람이 없었기 때문에 '사람이 이렇게 없는데 과연 장사가 될까?'라는 불안감을 느꼈고, 아울러 고토부키 스피리츠의 주가도 굉장히 낮았다. 그래서 제발 망하지 않았으면 좋겠다는 생각에 주식을 사고 2채널의 게시판에 "고토부키 스피리츠 여기 괜찮은 회사임"이라는 취지의 글을 썼더니 다음 날 상한가를 기록했다. 이후에도 사 놓은 채 계속 방치하고 있었는데, 얼마 전에 주가를 보니 당시보다 크게 올라 있어서 깜짝 놀라며 팔았다. 어차피 계속 보유한들 지금의 자산을 생각하면 대단한 액수는 아니기도 했다.

여담이지만, 조사해 보니 과자 계열의 이런저런 회사들을 인수하며 다각화를 꾀하는 큰 회사였다. 내 딴에는 제발 망하는 않았으면 좋겠다는 생각으로 주식을 샀는데 실제로는 굉장히 열심히 사업을 하는 회사였던 것이다.

사실은 정으로 계속 보유하는 주식도 하나 있다. 내가 숙부님의 회사에서 일하던 시절의 주요 거래처였던 어떤 고무 제품 회사의 주식이다. 회사를 그만두고 1년 후에 자산이 꽤 불어났을 때 '앞으로도 숙부님의 회사와 계속 거래해 주었으면…'이라는 마음으로 그곳의 주식을 대량 매수했으며, 지금도 대주주로 명단에 올라 있다. 이에 관해서는 숙부님에게 딱히 말씀을 드리지 않았는데, 그 회사에서 숙부님께 전화를 걸어 "귀사에 있었던 ○○ 씨가 우리 회사의 주식을 잔뜩 사들였는데, 혹시 작전 세력이라든가 적대적 인수가 목적인 건 아니지요?"라는 식으로 문의했다는 이야기를 들었다. 한때 영업하러 가서 납기나 품질 등을 이야기하며 끈질기게 가격 교섭을 벌인 곳인데 대주주가 된 뒤에는 인사를 하러 가거나 주주 총회에 가면 "○○ 씨, 오랜만입니다"라는 정중한 인사를 받게 되어 묘한 기분을 느끼고는 한다.

처음 샀을 때의 총액은 4000만 엔 정도였는데, 주가가 올라서 2018년 초에는 1억 엔 정도가 되었다. 기본적으로 경제적 효율을 무시하면서까지 주식을 계속 보유할 생각은 없지만, 일단 오르기도 하고 멋대로 회사를 그만둬 버린 것에 대한 미안함도 있기 때문에 보잘것없지만 사과의 의미로 계속 보유하고 있다.

숙부님 회사의 주식은 상장하지 않아서 살 수가 없기 때문에 그 대신이라는 측면도 있다.

내가
올라운더가 된 이유

앞서 이야기했듯이 나는 개별 종목의 성적이나 그날그날의 성적은 거의 의식하지 않는다. 가령 10종목을 샀는데 그중 몇 종목의 주가가 상승했는지 등은 신경 쓰지 않는다. 1일 단위의 성적도 아예 안 보는 것은 아니지만, 되도록 신경 쓰지 않는다. 주가는 끊임없이 변동되기에 그런 것을 신경 쓴들 별 의미가 없다. 회사원이었을 때는 급여의 몇 배 정도를 벌어들였는지 생각하는 습관이 있었지만 전업 투자자가 된 뒤로는 그런 습관도 사라졌다.

소형주를 전문으로 삼는다든가 폭락했을 때만 산다든가 하는 식으로 한정된 스타일의 트레이딩만 하는 트레이더도 있는 반면에 나는 다양한 수법을 골고루 사용하는 올라운더로 불리는데, 그 이유는 총자산의 규모가 커졌기 때문이다. 자산이 40억 엔을 넘긴 뒤로는 대형 종목이든 선물이든 달러/엔이든 하나에만 투자해서는 자금을 효율적으로 쓸 수 없게 되었다.

변동성Volatility이라는 말이 있다. 이것은 개별 종목의 자산 가격 변동률을 의미한다. 가격이 같은 주식들이 있다고 가정했을 때 평소 10엔 정도밖에 가격이 변동하지 않는 종목보다는 평소 100엔 정도는 손쉽게 변동하는 종목이 더 변동성이 높다고 말한다.

기본적으로는 가격 변동폭이 큰 종목에 자금을 많이 투입하는 것이 효율이 좋다.

최고는 가격 변동을 알기 쉽고 변동성이 큰 것에 자금을 전부 투입했다가 적당한 시점에 빼는 것이다. 그러나 자금의 규모가 수십억 엔이 되면 그러기가 쉽지 않다. 나의 대규모 매수 주문이 쉽게 소화될 때는 천장이 되기 쉽고, 대규모 매도 주문을 내면 매도가 매도를 불러서 가격이 더욱 떨어져 버린다.

가령 일본에서 시가총액의 규모가 가장 큰 종목인 도요타도 지금의 주가로는 30억 엔으로 50만 주 정도를 살 수 있는데, 필연적으로 사고파는 도중에 유동성 리스크를 상당히 짊어지게 된다. 주가의 움직임이 조금 수상해져서 다들 수비적이 되면 아무리 도요타라도 파는 도중에 1퍼센트, 즉 60~70엔은 쉽게 하락해 버린다. 게다가 지금은 대규모 수동 매도 주문에 반응하는 알고리즘도 있기 때문에 시가총액의 규모가 큰 도요타조차도 효율 좋게 들어가서 효율 좋게 빠져나올 수 있는 금액은 30억 엔이 한계라고 생각한다.

이와 같은 이유로 자산 규모가 커지면 개별 종목에는 효율적으로 자금을 투입할 수 없게 된다. 변변한 성과도 내지 못하는데 좋은 종목을 찾아내려다 나머지 자금을 놀려서는 의미가 없다. 상황이 이렇다 보니 비트코인 등을 포함해 수익이 날 것 같은 투자 수단은 전부 살펴봐야 했다.

현재는 닛케이 평균 선물을 많이 거래한다. 거래액은 500~600랏 정도다. 닛케이 평균이 2만 엔이라고 하면 100억~120억 엔까지는 사곤 한다. 보통은 상황을 보면서 200랏 정도를 사는데, 그래서 '오늘도 참가비로 1500만 엔 정도를 내고 나니 적자네…'와 같은 날이 계속되기도 한다. 하지만 그런 식으로 매일 시장의 전체적인 상황을 살펴며 가격이 크게 움직이는 때를 놓치지 않으려 노력한다. 일본은행이나 트럼프의 움직임도 계기가 될 수 있기에 그런 요소가 없는지도 끊임없이 살펴본다. 요컨대 큰 수익을 올릴 기회를 끊임없이 탐색하는 것이다.

애초에 나의 주문 때문에 주가가 크게 움직일 매매는 하지 않으려 한다. 내게 불리하기 때문이다. 가령 1,000엔에서 사기 시작해 1,100엔에 매수를 마쳤다고 해도 부자연스럽게 오른 주식은 다른 매수를 부르기에 평균 매수 단가는 1,060엔 정도가 된다. 그런 다음 1,100엔에서 팔기 시작해 1,000엔에서 매도를 마쳤다고 가정하면 매도가 매도를 부르기 때문에 평균 매도 단가는 1,040엔 정도가 된다. 대량으로 사고팔았을 뿐인데 돈이 줄어들어 버리는 것이다.

그런 까닭에 1,000엔에서 사기 시작한다고 가정하면 매수를 마쳤을 때 1,010엔이 되지 않을 정도의 분량만 사고 있다. 그러면 매수할 때와 매도할 때의 차액을 2엔, 즉 0.2퍼센트 정도로 억제할 수 있다. 실제로는 호가창을 보며 거래를 해서 좀 더 효율적으로 사들이지만, 이 차액이 커지는 규모의 매수는 가급적 하지 않으려고 노력한다.

― 66 ―

게임을 잘한다는 특기를 활용할 수 있는 시대에 태어나서 다행이다.
트레이딩이란 '돈을 빼앗고 빼앗기는 게임'이며,
지금의 나는 트레이딩 기술자에 불과하다.
다만 내 경우는 돈을 빼앗고 빼앗기는 측면보다
게임이라는 측면에 더 즐거움을 느낀다.

― 99 ―

부동산 투자는
벌칙 게임이다

부동산 투자도 해 봤지만, 투자라기보다는 오히려 강제 노동에 가깝게 느껴졌다.

리먼 브라더스 사태 이후 부동산 가격이 폭락했을 때, 부동산을 공부할 겸 빌딩을 샀다. 집 근처에 편의점이 없었기 때문에 근처의 빌딩을 사서 편의점을 입주시키면 편리하지 않겠느냐고 생각한 것도 한 가지 이유였다. 지금은 도쿄에 빌딩 두 동과 맨션 한 동 그리고 나고야에 있는 어떤 빌딩의 일부를 소유하고 있다.

그 결과 알게 된 사실은 '손대지 말았어야 했다'는 것이다. 건물주라고 하면 보통은 부러움의 대상이 되는데, 내 입장에서는 큰 오산이었다. 전혀 수익이 나지 않는다. 내가 보유한 빌딩은 시가로 20~25억 엔짜리인데, 여기에서 들어오는 임대료 수입은 세금을 빼고 나면 3000만 엔도 안 된다. 다시 말해 1.5퍼센트에도 미치지 못하는 것이다. 토지의 가격은 변하지 않더라도 건물은 해가 갈수록 노후화되어 간다. 입주자도 생각만큼 들어오지 않는다. 언젠가 대규모 수리를 해야 한다는 점까지 생각하면 수익률은 1퍼센트도 안 된다. 게다가 이런저런 서류를 작성해야 하는 등 임대인으로서의 의무가 많으며, 돈이 필요해졌을 때 금방 팔 수 있는 것도 아니다.

빌딩을 살 정도의 돈이 있다면 다른 투자를 하는 편이 더 편하고 돈도 될 것이다. 단순히 미국 국채를 사더라도 2, 3퍼센트는 벌 수 있으며, 테크닉을 보다 구사한다면 망할 걱정이 없어 보이는 미국 기업의 채권을 분산해서 10종류 정도 사는 것도 좋은 방법이다. 기업의 기발행 채권의 평균 수익률은 약 4퍼센트이며, 미국이 저금리 정책을 실시했을 때는 1개월의 달러/엔환율 리스크를 0.1~0.2퍼센트로 완전히 헤지할 수 있다. 이런 채권을 사는 것에는 테크닉이 조금 필요하지만, 부동산을 샀을 때 들어가는 노력에 비하면 훨씬 편한 수준이다. 임대인으로서의 의무도 없고, 수익률도 4~5배는 된다.

건물주로 불리는 것만으로도 기분이 좋아지고 싶은 사람은 빌딩을 사도 된다. 다만 나는 좋은 점이 하나도 없었다. 과장이 아니라 진심으로 벌칙 게임을 당하는 느낌이다.

참고로 나는 임대 아파트에서 살고 있다. 처음에 부모님의 집에서 나와 독립했을 때도 자산이 2억 엔은 되었지만, 구한 집은 한 달 임대료가 28만 엔인 아파트였다. 그 집을 선택한 이유는 마작하러 가기 좋은 위치이기 때문이었다. 그 후 자녀가 태어나고 자산도 늘어나서 지금의 아파트로 이사했다. 임대료는 자동차 두 대의 주차장을 포함해 월 180만 엔이다. 초고층 아파트가 아닌 저층 아파트인데, 개인적으로는 높은 곳에서 사는 것이 뭐가 그렇게 좋은지 잘 모르겠다. 그보다는 외출하는 데 5분씩 걸리는 번거로움이 더 크게 느껴진다. 돈을 내고 빌려서 사는 쪽이 편하므로 내 집을 살 생각은 없다. 빌딩을 사서 건물주가 된 것으로 충분히 끔찍한 경험을 하고 있기 때문에 이 이상 부동산을 보유하는 것은 사양하고 싶다.

임대 아파트에서 임대료를 내고 살면 좋은 점 중 하나는 가령 전구의 수명이 다 되었을 때 프런트에 전화를 걸면 금방 가져다준다. 또한 인터넷에서 박스로 주문한 페트병 보리차가 도착하면 현관문 앞까지 가져다주며, 프런트에 세탁물을 내놓기만 해도 세탁소로 가져가서 세탁한 다음 가져다준다.

내 집을 지어서 집주인이 되고 싶다는 생각은 전혀 없다. 그런 것은 단순한 자기만족이라고 생각한다. 내게는 그런 자기만족보다 박스로 주문한 페트병 보리차를 현관문 앞에서 받을 수 있는 쾌적함이 훨씬 중요하다.

투자에서 가장 중요한 것은 효율이다

한 투자자 동료가 40살에 5억 엔짜리 아파트를 샀다. 그 자체는 좋지도 나쁘지도 않다고 생각하지만, 문제는 당시 그의 총자산이 7억 엔이었다는 사실이다. 다시 말해서 아파트를 사고 나니 2억 엔 정도밖에 안 남은 것이다.

아무리 생각해도 이건 아니었다! 그의 이야기를 들어 보니 투자의 세계에 몸담고 있는 한 내일 어떻게 될지 알 수 없기 때문에 아내와 자녀에게 확실한 무엇인가를 주고 싶었다고 한다. 그 말을 듣고 나는 "그런 비효율적인 행동을 할 거라면 왜 투자를 하는 거요!?"라고 타박했다. 그리고 이미 사 버린 이상 거래를 무를 수는 없으니 손해를 보더라도 즉시 팔아 버리거나 하다못해 그 아파트를 담보로 최대한 많은 돈을 빌리라고 열심히 설교했다.

투자하는 사람의 힘은 보유한 자금의 규모에서 나온다. 투자자로서 잘나가는 사람일수록 투자 이외의 영역에서는 수비적으로 돈을 쓴다. 1억 엔을 벌어들였다면 최대 600만 엔까지는 써도 된다는 식이다. 1000만 엔을 쓰는 것은 과소비다. 자본금이 없으면 크게 승부할 수 없으며, 크게 승부하지 못하면 큰 수익도 올리지 못한다. 나는 크게 벌 수 있는 승부를 찾아내서 최대한 전 재산에 가까운 금액을 투입하는 것이 효율적이라고 생각한다. 그래서 가격의 움직임이 심한 종목을 노리며, 승부를 걸 때 투입할 수 있는 돈을 가장 중요하게 생각한다.

나는 효율이 전부라고 생각하기에 그 동료와 같은 행위는 절대 하지 않는다. 그리고 그 동료가 투자의 세계에서 은퇴할 수밖에 없는 상황에 몰릴 확률이 20~25퍼센트는 된다고 생각했다. 그러나 그는 결국 그 아파트를 담보로 돈을 빌리지 않았으며, 그러면서도 자본금을 다시 불리는 데 성공했다. 지금도 당시의 이야기가 꺼내질 때마다 그에게 트레이더로서는 잘못된 행동이었다고 말하지만, 그런 사람도 있기에 세상은 재미있다. 그의 이름은 고린이라고 한다. 쇼와 시대 스타일의 도박사로, 당시는 야쿠자로 오해받을 정도의 외모였지만 지금은 사람 좋은 영감님이 되었다.

현재 나의 자산 내역을 보면 계속 보유하는 주식의 비율은 1퍼센트도 되지 않는다. 여기에 금과 백금이 2퍼센트, 부동산이 10퍼센트, 재보험 상품이 10퍼센트, 외화 표시 채권 등이 6퍼센트 정도이며, 나머지 70퍼센트는 현금이다. 그러니까 현금으로 160억 엔 정도를 갖고 있으며, 승부를 걸 때는 세금의 이체 등을 위해 계좌에 넣어 둔 10억 엔을 제외한 150억 엔을 트레이딩에 사용한다.

금과 백금은 만에 하나 모든 돈을 잃었을 때를 대비한 보험이다. 가족의 생활에 필요한 금액은 따로 보관해 두는 편이 좋다. 그래야 투자를 과감하게 할 수 있다. 이것이 내가 금과 백금을 사 놓게 된 커다란 이유다. 사실 도쿄에 핵폭탄이 떨어지든가 해서 다른 자산이 전부 무용지물이 되어 버린다면 내 체력으로는 금과 백금도 금방 빼앗겨 버릴지 모르므로 보험의 기능을 할 수 있을지 의문이 들기는 한다.

부동산과 재보험 상품은 공부를 위해서 산 것이다. 부동산이 얼마나 벌칙 게임 같은지는 이제 충분히 깨우쳤다.

나는 내 집을 갖는 것에 흥미가 없을 뿐만 아니라 값비싼 시계라든가 자동차를 소유하고 싶다는 욕망도 전혀 없다. 고급 브랜드 의류에도 흥미가 없어서 입고 다니는 옷 중에는 유니클로에서 산 것이 많다. 신발 등을 포함해 몸에 걸치고 있는 것이 값비싼 고급품이든 싸구려든 신경 쓰지 않는다. 다만 에르메스의 캐시미어 스웨터는 기능성이 뛰어나서 좋아한다.

연예인과 친분을 쌓고 싶다든가 하는 욕망도 전혀 없다. 모르는 사람과 만나면 피곤할 뿐이다. 경비행기나 대형 요트도, 별장도 소유하고 있지 않다. 그런 것은 소유하기보다 돈을 내고 빌리는 것이 더 편하다. 비싼 값을 지불하는 경우는 와인이나 샴페인을 살 때 정도인데, 이것도 '얼마를 내고서든 반드시 사겠다'까지는 아니다.

그 밖에 돈을 쓰는 것으로는 스마트폰 게임이 있다. 지금 하는 〈리니지 2 레볼루션〉이라는 게임에는 9000만 엔 정도를 썼다. 자동차를 한 대 살 수 있는 금액을 게임에 썼다는 이야기는 이따금 들어 봤을 테지만, 나처럼 집 한 채를 살 수 있는 금액을 게임에 쓴 사람은 많지 않을 것이다.

좋은 사람이 되면
쉽게 파산할 수 있다

부자가 되면 귀찮은 일도 늘어난다. 내게는 트위터를 경유해서 엄청난 수의 메시지가 오는데, 그중에는 돈을 빌려 달라는 사람도 있고 출자 제안도 있다. 돈을 빌려 달라는 메시지를 보면 '딸이 난치병에 걸려서 돈이 필요하다'는 식의 내용이 많다. 한편 출자 제안은 금액의 자릿수가 다른데, "이 회사를 사지 않으시겠습니까?"라든가 "경영자의 위치에서 가상화폐의 ICO에 참여할 생각은 없으십니까?" 등 10억 엔 단위의 이야기가 많다. 2018년에 들어와서는 가상화폐와 관련된 잘 이해가 안 되는 제안이 굉장히 많아졌다. 물론 트레이딩을 즐기고, 나아가 성공하면 큰돈을 벌 수 있는 내가 굳이 수상한 돈벌이 제안을 덥석 물 이유는 전혀 없다.

재미있는 사실은 딸이 난치병에 걸렸다며 돈을 빌려 달라던 계정이 한 달쯤 후에 다른 스토리의 메시지를 또 보냈다는 것이다. 이번에는 "연간 ○억 엔의 이익을 내는 회사를 운영하고 있는데, 당장의 부채를 해결할 돈이 부족해 흑자 도산의 위기에 처했습니다. 돈은 확실히 들어올 예정이니, 이 위기를 넘기고 사업을 계속할 수 있도록 돈을 빌려주신다면 반드시 갚겠습니다"라는 내용이었다. 하다못해 계정을 바꿔서 메시지를 보내는 정도의 성의는 보였으면 좋겠다.

한 번은 그런 메시지가 올 때마다 요구하는 금액을 전부 더해 봤는데, 반년 만에 내 자산 총액을 넘어섰다. 반년 정도만 '좋은 사람'이 되어서 요구를 전부 들어 주면 어렵지 않게 파산할 수 있다는 의미다.

예전부터 친구나 지인으로부터 돈을 빌려줄 수 없겠느냐는 부탁을 자주 받았다. 그 액수는 옛날에는 50만~100만 엔, 지금은 100만~1000만 엔으로, 빌려주었다가 돌려받지 못하면 인간관계가 나빠질 수 있는 금액이다.

지금까지 살면서 딱 두 번, 친한 친구가 정말로 어려움에 빠졌을 때 필요해 보이는 금액을 내 나름대로 추산해 그 10분의 1을 준 적이 있다. 빌려준 것이 아니라 아무런 조건 없이 주었다. 돈을 빌려줄 때는 도랑에 버린다는 생각으로 빌려주라는 말이 있다. 조금이라도 돌려받을 것을 기대하면서 빌려주면 돌려받지 못했을 때 응어리가 남기 마련이다. 그래서 이것이 내가 도와줄 수 있는 최대한의 금액이라고 말하며 그냥 주었다. 이렇게 하면 금전적인 측면에서나 인간관계의 측면에서나 타격이 작을 뿐만 아니라 도움을 준 상대가 번듯하게 부활하는 경우가 많다. 돈을 갚으려 하는 친구도 있을 터인데, 나중에 밥이나 사라고 말해 주면 된다.

내 돈을 원한다면 방법은 두 가지다. 투자의 세계에서 내게 이기거나 엄청나게 재미있는 게임을 만들어서 과금을 유도하거나.

— " —

투자하는 사람의 힘은 보유한 자금의 규모에서 나온다.
투자자로서 잘나가는 사람일수록
투자 이외의 영역에서는 수비적으로 돈을 쓴다.

자본금이 없으면 크게 승부할 수 없으며,
크게 승부하지 못하면 큰 수익도 올리지 못한다.
나는 크게 벌 수 있는 승부를 찾아내서
최대한 전 재산에 가까운 금액을 투입하는 것이
효율적이라고 생각한다.

그래서 가격의 움직임이 심한 종목을 노리며,
승부를 걸 때 투입할 수 있는 돈을 가장 중요하게 생각한다.

— " —

남의 돈은
운용하고 싶지 않다

자신의 돈을 운용해 달라는 부탁도 자주 받는다. 이를테면 "100만 엔을 맡길 테니 부담 갖지 말고 운용해 주셨으면 합니다" 같은 식이다. 그러나 다른 사람의 돈을 맡으면 굉장한 압박감을 느끼기 때문에 한사코 거절한다. 물론 남의 돈을 맡아서 운용할 생각도 전혀 없다.

손실이 나도 괜찮다고 말했던 사람도 실제로 돈이 줄어들면 나를 굉장히 원망할 것임은 경험을 통해서 알고 있다. 성공해도 내 이익이 되지 않는데 그런 원망을 살 리스크를 굳이 짊어질 이유가 어디에 있겠는가? 리스크에 걸맞은 리턴을 기대할 수 없는데 말이다. 설령 100만 엔을 맡아서 3배로 불리더라도 이익은 고작 200만 엔에 불과하다. 여기에 들어갈 노력이나 번거로움을 생각한다면 늘릴 수 있을 것으로 예상되는 금액을 미리 줘 버리는 편이 훨씬 마음 편하다는 생각까지 한다. 자신이 먼저 "내가 운용해 줄까?"라고 제안하는 사람은 그때까지 운 좋게 돈을 벌었을 뿐이어서, 손해를 보면 어딘가로 도망쳐 버릴 사람이거나 계획적인 사기이거나 둘 중 하나일 것이다.

만약 내가 헤지펀드를 시작한다면 어느 정도는 돈을 모을 수 있을지도 모른다. 그러나 타인의 돈은 책임이 따르기에 마음 편하게 운용할 수가 없다. 회사를 만드는 것도 내게는 큰일이다. '싱가포르로 이주해서 무라카미 펀드 같은 회사를 세우고⋯' 같은 시나리오는 내게는 무리다. 나는 트레이딩 기술자일 뿐 펀드를 설립할 정도의 종합적인 재능은 없으며, 세상을 위해 내 재능을 사용하겠다는 포부도 없다.

08

국민연금기구의 자금에
몰려드는 군상

몇 년간 만나지 않은 지인이 헤지펀드를 만들어서 국민연금의 운용을 수주했다는 이야기를 들은 적이 있다. 50억~100억 엔의 규모라고 했다. 어디까지나 다른 사람에게 들은 이야기이고 국민연금이 전부 그런 식으로 운용되는 것은 아닐지 모르지만, '수주한 시점에 이미 대박'인 세계였다고 한다. 계약에 따라서는 신탁 보수가 연간 3퍼센트나 되어서, 운용 자금이 50억 엔이라면 1억 5000만 엔을 받을 수 있다. 3년 동안 적자를 기록하면 계약이 해지되는 모양이지만 3년에 4억 5000만 엔이니 이것만 받고 빠져나와도 충분하다.

수주한 시점에 이미 대박인 건이다 보니 계약할 때까지가 본 게임이며, 계약한 뒤에는 극단적으로 말해 아예 운용하지 않아도 상관없다. 회사를 홍콩 같은 곳에 만들면 운용 이력을 보여 달라는 요구도 하기 어려울 테고 말이다. 일본에서 3년간 놀아도 되는 것이다.

3년 동안 적자를 기록할 경우 계약이 해지된다는 조건이라면 확률은 낮지만 크게 오를 것 같은 종목을 사 놓는 방법도 있다. 그래서 크게 오르면 또 수주를 할 수 있을 것이고, 오르지 않더라도 "열심히 노력했지만 안 됐네요. 죄송합니다"라며 손을 털고 나오면 된다.

이 이야기를 들었을 때 이런 펀드에 운용을 위탁한 국민연금 기구의 운용 담당자에게 징역 50년 정도는 선고해야 하지 않을까 생각했다. AIJ 투자 고문의 연금 사기 사건(후생연금기금의 자금 약 2100억 엔을 맡아서 운용하던 투자 고문 회사 AIJ 투자 고문이 실제로는 자금의 대부분을 잃었음에도 양호한 수익을 올리고 있는 것으로 자료를 조작하다 발각된 사건—역주)으로 1300억 엔 정도를 허공에 날린 결과 회사 한 곳에 더는 많은 자금을 맡기지 않는 걸로 아는데, 그 결과물이 이런 연금 사기 비즈니스라면 이것은 본말전도다. 이 이야기가 어느 정도의 신빙성이 있는지는 알 수 없지만, 국민연금기구의 자금에서 1년 동안 수조 엔에 이르는 돈이 수수료라는 명목 아래 블랙홀에 빨려 들어가고 있는 것은 분명한 사실이다. 펀드와 증권사 등 온갖 군상이 그 돈을 먹기 위해 몰려들고 있다.

큰 회사에서 운용하는 경우에는 행정기관의 연금 담당자가 수긍할 수 있는 구성비로 일본 채권, 도요타 자동차, NTT 도코모 같은 거대 종목을 기계적으로 매수하기도 한다. 착실히 운용한다는 점에서 양반이라고 말할 수는 있지만, 수수료가 아까우니 그만두는 편이 좋다.

연금은 펀드 매니저에게 운용을 맡길 필요가 없다. 이 정도로 자금 규모가 거대해지면 우수한 AI를 교육시켜서 운용을 맡기는 것이 가장 좋은 방법이다.

내가 국민연금을
운용한다면

투자자 동료들에게 "지금의 정부는 도저히 믿을 수가 없으니 네가 국민연금을 운용해 주면 안 되겠냐?"라는 식의 말을 들을 때가 있다. 물론 그런 거액을 맡아서 운용하는 것은 도저히 수지가 맞지 않는 일이기에 그럴 리 없겠지만, 사고 실험으로서는 재미있는 주제이니 어떻게 운용하면 좋을지 한 번 생각해 보자.

나라면 일단 일본 시장에서는 자금을 운용하지 않을 것이다. 그 정도로 자금의 규모가 거대해지면 국내에서 운용하는 것은 효율이 나쁘다. 국내에서 운용하면 결국 수익을 내더라도 대부분의 경우 일본인의 돈을 빼앗는 셈이 되는데, 일본인을 위한 돈을 일본인끼리 다퉈서는 의미가 없다.

그러므로 이를테면 수익률이 높고 망하지 않을 것 같은 미국 달러 표시 회사채 등에 분산 투자한다. 1개월의 달러/엔 환율 리스크를 0.1~0.2퍼센트로 헤지할 수 있었던 시기가 길었던 것도 한 가지 이유다. 그러면 전체적으로 수익률 5퍼센트 정도는 가능할 것이다. 운용 자금이 200조 엔이나 되면 5퍼센트만 해도 10조 엔에 이르며, 이것이 복리로 늘어나면 엄청난 규모가 된다. 수상한 펀드에 운용을 맡기거나 쓸데없이 중간 마진을 떼이기보다는 이런 식으로 단순한 설계를 해야 한다.

또 한 가지, 내가 정부의 돈을 운용하는 담당자가 된다면 이런 것을 할 수 있지 않을까? 가령 민주당 정권 시절이던 2011년에 1달러=76엔까지 엔화 강세가 진행된 적이 있었다. 다른 나라는 금융 완화를 실시했는데 일본은 거의 금융 완화를 실시하지 않은 것이 원인이었다. 만약 그런 시기에 내가 돈을 운용할 수 있었다면 해외의 석유 같은 자원의 채굴권이라든가 그런 자원을 채굴할 수 있는 토지를 열심히 구입했을 것이다. 엔화 강세로 외국의 자산이 상대적으로 저렴해졌으니 최대한 사들인다. 그런 다음 일본은행에 돈을 조금 더 찍어 달라고 부탁한다.

통화의 신용을 높이는 것은 어떤 나라든 어려운 일이지만, 신용을 낮춰서 통화의 가치를 떨어트리는 것은 간단하다. 그렇게 하면 엔화의 가치는 떨어진다. 이렇게 해서 세계의 자원을 채굴할 권리를 사면 일본 정부로서는 큰 이익을 낼 수 있다. 금융 완화도 컨트롤한다면 100조 엔 수준의 이익을 낼 수 있지 않을까?

다만 이렇게 했다가는 당연히 국제사회에서 이미지가 나빠질 것이며 어딘가로부터 물리적인 공격을 받을지도 모른다. 혹은 미국이 "세계의 치안을 유지하는 것은 우리이니 포기하게"라고 으름장을 놓을지도 모른다. 이러면 어느 정도는 포기해야 할 것이다.

역시 크게 딸수록 딴 돈을 갖고 돌아가지 못할 가능성이 커지기에 쉽지 않다.

내게 사장의 재능은
전혀 없다

그렇게 돈이 많다면 투자 회사를 만드는 것이 어떻겠느냐는 말도 가끔 듣는데, 사실은 트레이딩 회사를 만들었다가 실패한 적이 있다.

그때 나는 회사를 세우고 대학교 시절의 친구들을 5명 고용했는데, 그들에게 주식 매매 요령을 직접 가르치면 적어도 절반 정도는 억 단위로 수익을 내도록 만들 수 있을 것 같았다. 당시는 내 자산이 20억 엔을 넘긴 상태였으며, 신일본제철(5401, 지금은 신일철주금) 등의 대형 종목을 주로 거래했다. 나는 내 손발을 늘리면 이들이 나 혼자서 트레이딩을 할 때는 신경 쓰기 어려웠던 변동성이 큰 신흥 종목을 담당해 줘서 더 많은 수익을 올릴 수 있지 않을까 생각했다.

고용 조건은 월급 35만 엔에 수익의 20퍼센트를 별도로 지급하는 것이었으며, 1년 단위로 계약을 갱신하기로 했다. 그들은 천재까지는 아니어도 평범한 사람들보다는 머리가 잘 돌아가지만 데이 트레이딩은 해 본 적이 없었다. 말하자면 아직 손때가 묻지 않았다고나 할까? 최적의 인재들을 골랐기에 나도 괜찮은 아이디어를 떠올렸다고 생각했다.

가르친다고는 하지만 내가 일일이 지시해서는 의미가 없으며 그저 나를 따라 하기만 해서도 역시 의미가 없기에 매매의 왕도인 순행 투자 등 기본적인 이론을 가르쳤다. 직접 교재를 만들어서 2주에 한 번씩 전체 강의도 했다. 그런데 똑같은 것을 가르쳤음에도 저마다 전혀 다른 방식으로 매매를 했다. 이익이 조금만 나도 금방 이익을 확정해 버리는 사람, 손실이 나도 꾹 참고 기다리는 사람, 금방 손절해 버리는 사람, 물타기를 하는 사람 등등 유형이 제각각이어서 합리적인 투자가 되지 않았다. 내 딴에는 수익이 더 늘어날 줄 알았는데 전혀 아니었다.

전원이 1000만 엔으로 투자를 시작해 2년이 지난 결과, 2400만 엔까지 돈을 불린 사람은 한 명뿐이었다. 나머지는 약간 플러스 또는 약간 마이너스에 그쳤다. 수백만 엔을 잃은 사람도 있었다. 수익을 낸 사람은 이미 상한가를 친 상태에서 추격 매수를 하기도 했다. "오르는 주식은 계속 오른다"라고는 말했지만 실제로 실천하기에는 매우 용기가 필요한 법이다.

전체적으로 보면 대략 급여만큼 적자를 봤다. 35만 엔×5명×24개월이니까 4200만 엔이다.

지금 되돌아보면, 강의한다고 해서 매매할 때 개인의 본능이 드러나는 것을 막을 수가 없었다. 아무리 교육을 해도 성과급 등 돈이 얽히면 본능이 앞서게 된다. 학창 시절에 견실하게 생활했던 사람은 굉장히 이익 폭이 작은 수비적인 매매를 하게 되며, 시험 당일에 늦잠을 자 버리거나 전공 필수인데 F를 받아 버리는 등 호쾌한 학창 시절을 보낸 사람은 손익도 호쾌해진다.

『인베스터Z』라는 만화가 있다. 성적이 좋은 학생들만 다니는 중·고 일관교(중학교 3년과 고등학교 3년을 통합해 6년제로 운영하는 학교—역주)에 투자부가 있어서, 학생들이 막대한 자금을 운용해 학교의 경비를 벌어들인다는 이야기다. 내가 시도한 방식도 이와 비슷했지만 만화처럼 일이 잘 풀리지는 않았다. 아니, 내 생각에 그 만화는 그다지 현실적이지 못하다. 인간의 본능은 그렇게 간단히 공략할 수 있는 것이 아니며, 수비형 또는 공격형 중 어느 한쪽으로 치우치기 쉽다. 평범한 중학생이나 고등학생이 투자로 성공했다면 그것은 운이 좋았을 뿐이다. 뒤에서 이야기하겠지만, 예전에 친구들을 파친코 공략에 동원한 적이 있다. 그때 고용한 친구들에게 속기도 하고 타인과의 커뮤니케이션에도 지쳐서 내게 사람을 관리하는 재능이 없음을 통감했다.

여담이지만 유일하게 1000만 엔을 2400만 엔으로 불린 사람은 부모의 사업을 이어받아 부동산 중개소의 사장이 되었다. 아무래도 그 친구가 나보다 사장의 재능이 있었던 것 같다.

이 투자 회사 외에도 사업을 하려다 실패한 적이 두 번 있다. 첫 번째는 '주식친구Net'이라는 이름의 투자 특화 SNS인데, 유행하지 못해 이용자가 줄어든 결과 2011년경부터 새 글도 올라오지 않는 완전한 유령 도시가 되었다. 두 번째는 트레이딩 발주 툴을 제작하는 'T플러스플러스'라는 이름의 회사로, 전혀 실적이 나지 않아 직원들을 전부 그만두게 한 뒤 함께 회사를 만들었던 마스프로라는 투자자에게 주식을 전부 양도했다. 그런데 그가 집에서 가끔씩 관리하게 된 뒤로 어느 정도 수입이 들어오고 있다고 한다. 이런 식으로 내 손을 떠나면 흑자로 전환되는 경우가 있기 때문에 더더욱 사업에는 재능이 전혀 없음을 뼈저리게 느낀다.

　회사가 작을수록 인원을 최소한으로 줄이고 급여를 낮추는 등 직원을 착취해야 하는 모양이다. 그러나 지금 생각해 보면 나는 전혀 그러지 못했다. 아니, 지금도 그럴 자신이 없다. 남의 원망을 사는 것이 두렵고, 얼굴을 보면서 "미안하지만 그만둬 주었으면 하네"라고 말하는 것이 정신적으로 힘들기 때문이다.

　주식을 손절하는 데는 자신이 있지만 사람을 손절하는 데는 자신이 없다. 이런 부분의 재능이 없는 것은 이미 체념하고 받아들인 상태다.

— 66 —

나는 트레이딩 기술자일 뿐
펀드를 설립할 정도의 종합적인 재능은 없으며,
세상을 위해 내 재능을 사용하겠다는 포부도 없다.

— 99 —

제5장

투자에 필요한 스킬은
게임을 통해서 갈고닦았다

부모님이 게임과 도박을 싫어했다면 투자자 cis는 탄생하지 못했다

투자에는 다양한 능력이 필요하다. 집중력이나 결단력, 지속력 같은 평범한 업무에도 요구되는 능력은 투자할 때도 요구된다. 다만 평범한 업무에서 요구되는 능력과 투자할 때 필요한 능력은 성격이 조금 다르다는 생각도 든다.

여기에 거래를 매끄럽게 하기 위한 기초적인 스킬도 필요하다. 원하는 가격에 사기 위해서는 재빠른 명령어 입력과 가격이 변동한 순간 반응할 수 있는 반사 신경이 요구된다.

가령 제이컴 주식 오발주 사건의 경우 당시는 수동으로 매수 주문을 넣어야 했기 때문에 빠르게 키보드 입력을 할 수 있는 사람만이 수억 엔의 이익을 볼 수 있었다.

상대방에 관한 연구도 있다. 주식시장에 한해서는 주식시장에서 배우는 것이 최고이므로 시장에 상주하며 레벨 업을 하는 것보다 좋은 방법은 없다. 사전에 기업에 대해 알고 있다면 주가가 움직이는 이유를 짐작할 수 있을 것이다.

아울러 시장은 시시각각으로 변화한다. 자신이 확인하지 않은 호가창에서 버블이 시작되었을지도 모르고, 폭락의 조짐이 나타났을지도 모른다. 다양한 호가창과 지표를 동시에 보면서 투자하지 않으면 큰 수익을 낼 수 없다.

나는 이런 능력을 게임으로 갈고닦았다. 특히 기초적인 스킬은 콘솔 게임이나 컴퓨터 게임에서 얻어진 측면이 크다. 〈스트리트 파이터 II〉를 하면서 재빨리 커맨드를 입력하는 행위와 반사 신경을 단련했고, 〈울티마 온라인〉을 하면서는 나 자신의 레벨을 높이는 것의 중요성과 상대방에 관해 연구하는 사전 준비의 필요성을 배웠다. 또한 〈에이지 오브 엠파이어〉를 하면서는 시시각각으로 변화하는 상황을 읽는 넓은 시야와 전황에 대응하는 능력을 갈고닦았다.

만약 부모님이 비디오 게임을 금지하는 집안에서 성장했다면 나는 투자자가 되지 않았을 것이다.

모든 것은
구멍가게에서 시작되었다

내가 성장한 곳은 도쿄 도의 이타바시 구인데, 초등학생이었을 때 근처의 구멍가게에 뽑기가 있었다. 30엔을 내고 커다란 상자에 붙어 있는 숫자가 적힌 끈 중에서 하나를 고르는 것으로, 내 세대라면 누구나 해 본 적이 있을 것이다. 1등 경품은 200엔어치 금액권이었고 물론 꽝도 있었다. 당연히 그 가게에서만 사용할 수 있는 금액권이었다.

하루는 부잣집 친구가 "이거 전부 사 버리면 이익이려나? 한 상자를 다 사서 확인해 보자"라고 말을 꺼내더니 한 상자도 아니고 두 상자를 샀다. 그리고 당첨 금액을 전부 더해 보니 환급률은 90퍼센트 정도였다. 게다가 금액권으로는 과자로만 살 수 있으므로 완전히 손해 보는 게임임을 알게 되었다.

그러나 중요한 것은 그것이 아니다. 우리가 알게 된 진짜 의미 있는 사실은 두 상자 모두 당첨이 나오는 숫자가 똑같다는 것이었다. 이 말은 앞으로 어떤 숫자를 뽑아야 할지 알았다는 의미다. 물론 상자의 패턴은 몇 종류가 있었기 때문에 그 숫자를 골랐다고 해서 반드시 당첨이었던 것은 아니다. 그러나 세상에는 기댓값이 높은 법칙이나 공략법이 있음을 알게 되었고, 이것이 이후의 인생을 크게 바꿔 놓았다.

그 후에는 새로운 상자가 들어오면 당첨 숫자를 골라서 비싼 경품을 뽑은 다음 그것을 친구들에게 팔았다. 구멍가게에서는 속에 당첨 쪽지가 들어 있으면 한 개를 더 받을 수 있는 팥떡도 팔았는데, 이것도 유심히 관찰한 결과 당첨 쪽지가 들어 있는 것은 크기가 약간 다르다는 사실을 깨달았다. 그래서 당첨 쪽지가 들어 있는 팥떡을 찾아내 팥떡을 하나 더 받은 다음 친구에게 팔았으며, 이런 식으로 하루에 50~100엔 정도의 기댓값으로 수입을 올렸다. 초등학생 시절에 내 한 달 용돈은 학년×100엔이었다. 요컨대 1학년일 때는 월 100엔, 2학년일 때는 월

200엔이었다는 말이다. 용돈을 그 정도밖에 못 받았던 나에게 구멍가게를 공략해서 벌어들인 돈은 매우 컸다. 게다가 당첨 확률이 높은 나를 친구들은 '신'처럼 생각했다.

초등학생 때는 '가상화폐'를 발행하기도 했다. 구멍가게 등에서 파는 장난감 지폐의 뒷면에 내 이름을 적고 그것을 친구들에게 유통시켰다. 화폐가 있으면 우리 집에서 비디오 게임을 하며 놀거나 내가 고안한 게임에 참가할 수 있었다. 이를테면 패미컴 게임에서 인기 캐릭터와 그렇지 않은 캐릭터 사이에 배당률을 정해 놓고 경쟁한다든가, 캐릭터를 고를 때 주사위를 굴린다든가, 어려운 기술을 사용해서 쓰러트리면 상금을 얹어 주는 식이었다. 옛날부터 그런 게임을 생각해 내는 것이 즐거웠다.

그 무렵부터 화폐를 너무 많이 유통시키면 가치가 떨어진다는 사실을 알고 있었다. 나는 애초에 어떤 게임이든 잘할 뿐만 아니라 게임 마스터가 승리할 확률이 높도록 게임을 설계하기도 했기 때문에 항상 화폐를 회수했으며, 또 그 가상화폐를 주고 과자를 받기도 했다. 이 가상화폐 시스템은 1년 이상 잘 기능했다. 그런데 어느 날 화폐의 유통량이 조금 늘어난 뒤로 인플레이션이 멈추지 않게 되더니 약 1개월 만에 기능하지 않게 되었다. 지금 생각해 보면 이 경험이 국가에 대한 신뢰나 주식을 대하는 자세에도 영향을 끼쳤는지 모른다.

　나는 어릴 때부터 게임이라면 무엇이든 좋아했다. 패미컴이나 카드 게임은 친구들과 자주 했다. 이기면 물론 기분이 좋았지만, 지더라도 딱히 화가 나지는 않았다. 그 무렵부터 승패라는 결과보다 이길 수 있는 확률이 높은 승부를 하는 쪽을 중시했다. 가령 중간 단계에 이쪽의 승률이 70퍼센트였는데 그 후에 낮은 확률을 뽑는 바람에 역전당하더라도 분하다든가 이기고 싶었다는 감정은 거의 생기지 않았다. 오히려 유리한 승부를 할 수 있게 해 줘서 고마운 마음이 컸다.

　지금도 결과보다는 과정으로서 적절한 승부를 할 수 있느냐를 더 중요하게 여긴다. 가령 마작의 경우 결과적으로 돈을 잃었더라도 최적의 승부를 했다면 그것으로 만족한다. 나는 그런 유형의 인간이다.

　장기나 바둑처럼 확률이 개입하지 않는 게임도 취미로서는 재미있다고 생각하지만, 이쪽은 실력이 떨어지는 사람이 뛰어난 사람을 이길 가능성이 거의 없기 때문에 완전히 두뇌 게임이라는 카테고리에 묶여 버린다. 개인적으로는 마작이나 포커처럼 확률이 개입해서 실력이 떨어지는 사람이 뛰어난 사람과 함께 플레이해도 어느 정도 승률이 나오는 게임을 더 즐기며, 이것이 경제 활동도 될 수 있다고 생각한다.

20살 때
2000만 엔을 벌 수 있었던 이유

초등학생 시절에는 3월생이기도 하다 보니 몸집이 작고 빼빼 마른 체형이었다. 운동회에서 달리기를 하면 늘 꼴찌이거나 꼴찌에서 두 번째였다. 육체적으로 다들 나보다 우수해 보였고, 내가 대단한 사람이 될 수 있으리라는 생각은 전혀 하지 않았다. 이런 생각이 줄곧 머릿속에 자리하고 있다 보니 현재를 즐기는 것이 나의 관심사가 되었다.

초등학생 시절에는 야구와 축구를 했는데, 양쪽 모두 제일 실력이 떨어지는 축이었다. 중학교에 진학해서는 무엇인가 특별 활동을 해야 했기 때문에 테니스부에 가입했다. 다만 이것은 테니스가 좋아서라기보다 당시는 그 밖에 흥미 있는 것이 많았기에 제일 여유가 있어 보이는 서클을 고른 것이었다. 그 무렵의 나는 규칙을 운용하는 사람에게 강한 힘이 있다는 사실을 알고 있었다. 그래서 3학년이 되었을 때 부장에 입후보해 합리적으로 농땡이를 칠 수 있도록 만들었다. "오늘의 서클 활동은 4시 반부터야"라고 부원들에게 전한 다음 나는 귀가하는 식이었다.

소위 노는 애들이 많은 중학교여서인지 중학생 시절의 성적은 줄곧 학년에서 최상위였다. 전날 밤에 벼락치기를 해도 좋은 점수를 받았기에 학교 시험 성적은 좋았지만 전국 모의고사를 보면 진짜 실력이 들통 났다. 표준 점수는 좋을 때 65, 나쁠 때 45 정도였다. 성적은 좋았지만 공부는 끔찍이도 싫어했다.

파친코를 시작한 것은 중학교 3학년 때였다. 당시 관대한 부모님이 나를 파친코점에 데려가 주셨다. 그러다 점차 혼자서 가게 되었고, 돈을 따게 된 뒤로는 일주일에 두 번 정도 학교를 땡땡이치고 파친코점에 갔다. 당시는 개점 직후의 가동률을 높이기 위해 돈을 딸 확률을 높여 주는 모닝이라는 서비스가 있었기 때문에 이것을 노리고 아침 개점 시각에 가서 '쓰나도리 이야기'라는 기기를 2, 3시간 돌렸다. 모닝 서비스 덕분에 하루 평균 7,000엔 정도의 기댓값으로 돈을 딸 수 있었다.

우리 집은 평범한 가정이었다. 아버지는 주식 투자도 경마도 파친코도 다 하는 회사원으로, 용돈의 범위 안에서 즐기지만 돈을 따기는커녕 대부분 날려 버리는 평범한 중년이었다. 한편 나는 세뱃돈도 많이 받아 봐야 3,000엔 정도였기 때문에 파친코를 해서 따는 돈이 매우 소중했다.

나는 파친코장을 순회하며 어떤 기기가 돈을 따기 좋은지를 연구했다. 하루의 기댓값은 점점 상승했다. 당시는 인터넷에 파친코의 최신 공략법을 적극적으로 공개하는 풍조가 강했다. 여러 가지 확률을 비롯해 수학적으로 절대적 우위성이 있는 정보가 공개되어 있었으며, 중학생 시절부터 그런 것에 흥미가 있었기 때문에 직접 연구도 했다. 새로운 공략법이 공개되면 이틀 후에는 그 게임기가 설치되어 있는 줄 하나가 전부 폐쇄될 정도였다. 인터넷 인구가 적었기 때문인지 다들 너무 친절했다고도 말할 수 있다. 그 무렵에는 자신의 파친코 스킬을 높이기보다 인터넷에 공개되어 있는 정보를 입수하는 것이 더 중요했다.

파친코장 순례를 하는 사이에 기기에 박혀 있는 핀을 보고 돈을 따기 쉬운 기기를 판단하는 안목도 생겼다. 그래서 좋은 기기를 발견하면 친구들을 불러 그 기기를 맡겼다. 이것이 16세, 그러니까 고등학생일 때다. 확률과 회전 수를 생각했을 때 하루에 3만 엔을 딸 수 있을 것 같은 좋은 기기를 발견하면 친구에게 전화를 걸어서 잠깐 와 보라고 한 다음 일당 1만 엔을 주고 그 기기를 돌리도록 부탁했다.

이 방법으로 고등학생일 때 200만 엔을 모았고, 대학교에 들어가서도 계속한 결과 20살 때 2000만 엔을 모을 수 있었다.

— 66 —

지금도 결과보다는 과정으로서
적절한 승부를 할 수 있느냐를 더 중요하게 여긴다.
가령 마작의 경우 결과적으로 돈을 잃었더라도
최적의 승부를 했다면 그것으로 만족한다.

나는 그런 유형의 인간이다.

— 99 —

"들키지는
말거라"

거의 프로 파친코꾼이나 다름없어졌을 무렵에는 부모님도 내가 뭘 하고 있는지 짐작하고 있었다. 파친코 구슬을 돈으로 바꿔 주는 환금소 주변에는 위험한 분위기를 풍기는 사람들이 대기하곤 했는데, 그런 낌새를 채면 환금하지 않고 구슬을 골드 경품으로 바꿔서 귀가했다. 내 방에 그렇게 해서 골드 경품이 20만 엔어치나 놓여 있었으니 들키는 것도 당연했다.

이때 아버지와 어머니의 반응은 각기 달랐다. 어머니는 "어디가 따기 좋은지 가르쳐 주렴"이라고 말씀하셨고, 아버지는 "도박이라는 게 계속 따기만 할 수는 없으니 공부도 열심히 해야 한다", "공대에 들어가면 취직은 어렵지 않으니까 공대 진학을 목표로 공부하거라"라고 말씀하셨다. 부모님의 가치관이 서로 달랐던 것이 다행이라는 생각이 든다. 두 분의 가치관이 어느 한쪽으로 치우쳐 있었다면 시야가 좁아졌을지도 모른다.

고등학생 시절, 문화제가 열린 날에 경마를 좋아하는 친구들과 경마장에 갔다가 경마장 직원에게 들킨 적이 있었다. 당시 선도부장이었던 나는 교내를 순찰한 다음 슬쩍 학교 밖으로 나가서 경마장에 갔다. 이것도 '합법적으로 농땡이 친다'라는 발상으로 한 것이었다. 내가 다닌 고등학교는 사복이었기에 절대 안 들키리라고 생각했는데, 선도부 완장을 빼는 것을 깜빡한 탓에 "자네, 고등학생이지?"라는 물음과 함께 붙잡히고 말았다. 직원은 학교 혹은 부모님에게 연락해야 한다고 했고, 나는 부모님에게 연락하는 쪽을 선택했다.

집에 돌아오니 어머니가 "얘야, 경마장에 가는 건 좋은데 들키지는 말거라"라고 말씀하셨다. 어머니는 대체로 이런 식이셨다.

중학교에서는 성적이 학년 전체에서 최상위권이었는데, 고등학생이 된 뒤의 성적은 300명 중 250등 정도였다. 지각과 조퇴를 반복하면서 학교에도 잘 안 가고 파친코를 했으니, 내가 생각해도 구제 불능이었다. 그 결과 수업을 듣지 않은 과목이나 분야가 꽤 많았고 결과적으로 중학교와 고등학교의 교과에 대한 소양이 부족한 탓에 지금도 내 아이들에게 공부를 가르치지 못한다.

또 고등학교 시절에는 파친코에서 경품으로 교환한 컵라면을 내 사물함에 가득 채워 놓고 먹고 싶은 친구는 알아서 먹게 했는데, 그랬더니 순식간에 동이 나 버렸다. 그래서 이건 좀 그렇다 싶어 다음에는 한 개당 50엔에 팔았다. 그러자 싼값에 먹고 싶은 사람만 가져가서 적당히 줄어들었다. 아마도 당시의 친구들은 나를 이상한 놈으로 여기지 않았을까 싶다.

새로운 게임이 나오면 대부분 남들보다 잘했던 것으로 기억한다. 가령 대학교에 입학한 뒤에는 〈울티마 온라인〉을 굉장히 열심히 했다. 자고 있는 동안에 경험치를 벌어들이기 위해 매크로 프로그램을 짜기도 했고, 대회에 나갔을 때는 내 캐릭터의 레벨을 최대로 올렸을 뿐만 아니라 상대방에 관해서도 연구해 승리 전략을 짰다. 결국 나는 1등을 차지했다.

그 무렵부터 조금씩 생각과 더불어 시야가 넓어진 기분이 든다. 돈을 딸 수 있는 파친코 기기의 선택, 돈의 배분, 사람을 다루는 법, 학점을 어떻게 딸 것인가 등등…. 그런 것에 머리를 쏠

뿐, 나와 타인을 비교한다는 발상은 없었다. 이 책의 구성을 짜 준 후쿠치 씨가 "남자는 돈, 지위, 여자 중 어느 하나라도 없으면 자신감을 갖지 못하는 측면이 있다고 생각하지 않아?"라고 물어본 적이 있다. 여기에 나는 그런 생각을 해 본 적은 전혀 없다고 답했다.

돈은 평범한 고등학생이나 대학생에 비하면 많이 갖고 있었지만, 돈이 많으니까 남들보다 뛰어나다고는 생각하지 않았다. 이 생각은 지금도 다르지 않다.

인터넷 마작의 경험이
투자 스타일로 이어지다

고등학교를 졸업하고 호세이 대학교 공학부에 진학했다. 공학부를 선택한 데는 아버지의 영향이 컸다. 같은 공학 계열이었고, "문과는 독학으로도 공부할 수 있지만 공학부는 독학으로 공부하기가 어렵단다"라고 말씀하셨기 때문이다. 또한 고등학생 시절부터 파친코로 돈을 벌고는 있었지만 미래에는 파친코로 돈을 벌지 못할 것 같았다. 평범한 회사원으로 살아갈 가능성도 염두에 두었다. 이 역시 공학부에 진학한 이유 중 하나였다.

나는 대학교에서도 도박으로 돈을 벌었다. 아침 10시쯤 학교에 가서 고용한 친구에게 일단 10만 엔을 건넨다. 그런 다음 밤 10시에 가서 처음에 준 10만 엔과 그날 딴 돈 혹은 잃고 남은 돈을 받고 일당을 건넨다. 학교에 가는 목적은 거의 이것을 위해서였다.

나머지 시간에는 같이 마작을 할 멤버를 찾아다녔다. 4학년 때는 직접 돈을 주고받지 않고 장부에 기록하는 방식으로 해서 1,000점당 50엔이었음에도 최종적으로는 장부상으로 수십만 엔을 땄다. 받지는 못했지만 말이다.

그 무렵 나는 '동풍장東風莊'이라는 인터넷 마작을 했는데, R레이팅이 2,000에 최고였을 때는 2,100으로 전체에서도 상위였다. 즉 평범한 대학생과는 실력 차이가 매우 컸는데, 한 게임[8]국당 7, 8포인트는 앞섰다. 상대적으로 손이 빨라서 리치가 많았고, 점수에서도 칩에서도 모두 이겼다.

2채널의 마작 게시판에서 누가 최강인지 결정하자는 이야기가 나온 적이 있다. 나는 그런 대회에도 "어지간하면 내가 이겨"하고 말하며 참가했고, 실제로 우승도 했다. 당시 인터넷에서 마작을 연구하는 사람들은 새로우면서 효과적인 전술을 다양하게 전개했기 때문에 그런 것을 집요하게 배웠다. 나와는 조금 다른 패턴으로 패를 버리는 사람이 있으면 어떤 이유로 그랬

느지 자세히 물어봤다. 자신만만해 하면서도 열심히 질문을 퍼부었다.

기본적으로 나는 사람들의 이야기를 듣는 쪽이다. 새로우면서 수학적으로 무조건 옳다고 생각이 드는 전술은 즉시 채용해 카멜레온처럼 전술을 바꿔 나갔다. 주식시장에서도 같은 스타일로 투자를 하고 있다.

고등학생 시절부터 파친코로 매일 돈을 벌었고 학점 이수는 항상 아슬아슬했던 까닭에 아르바이트를 해 본 적은 없다. 아르바이트라지만 돈을 받는 이상은 책임이 발생하므로, 시간을 들여야 하고 컨디션도 관리할 필요가 있다는 점도 아르바이트를 하지 않은 이유다.

대학생일 때 할 뻔했던 아르바이트가 있기는 하다. 야마자키 제빵의 공장 일이었는데, 일당 3만 엔으로 이틀간 냉장고에 들어가 찰떡을 만들어야 했다. 친구들이 가자고 해서 인생 경험도 할 겸 참가해 봤으나 찰떡이 상하지 않도록 섭씨 0도 혹은 1도의 환경에서 작업을 해야 한다는 설명을 듣고 포기했다. 너무 추워서 몸 상태가 나빠질 확률을 생각하면 수지가 안 맞는 일이라고 생각했다.

그래도 나름 좋은 인생 경험이기는 했다. 야마자키 제빵이 위생 관리가 철저한 곳이라는 건 알았기 때문이다. 그렇다고 해서 야마자키 제빵의 주식을 사지는 않았지만 말이다.

2000만 엔으로는
인생이 바뀌지 않는다

대학교 졸업이 가까워졌을 무렵, 나는 파친코로 돈을 버는 것에 한계를 느끼고 있었다. 가장 어려웠던 것은 사람 관리였다.

먼저 자신이 딴 구슬을 속이는 사람이 많았다. 매번 구슬 상자 한 개 분량은 적게 보고하는 느낌이었다. 속였는지 여부는 대체로 금방 알 수 있다. 다만 이쪽이 착각했을 가능성도 있기에 처음에는 그냥 넘어가고, 두 번째부터는 해고해 버리거나 이후로 부탁을 하지 않기로 방침을 세웠다.

노하우를 파악해 독립하는 사람도 있었다. 이것은 내게 직접적으로 해를 입히는 것은 아니지만 어려운 부분이다. 사람 다루는 일의 어려움을 통감했다.

돈이 얽히면 사람은 자신이 이익을 보는 방향으로 움직인다. 계속 정직하게 행동해 주는 사람은 적다. 마지막까지 신뢰할 수 있는 상대는 중학교 동급생 세 명뿐이었다. 이 세 명은 그 후 회사원이 되었으며, 지금도 가끔 만나서 함께 논다.

사람을 부리려면 구심력이 필요하다고 할까, 도와주는 사람에게 즐거움도 줘야 하기에 일이 끝난 뒤에는 불고기를 먹으러 가기도 했다. 그런 비용도 포함해서 들어간 경비가 이익의 딱 절반 수준이었다. 여기에 파친코에 대한 이런저런 규제도 생겨났기 때문에 앞으로도 계속 똑같이 돈을 벌 수 있을 것 같지 않았다.

또한 단순히 일이라는 측면에서 파친코가 그다지 좋게 생각되지 않았던 것도 있다. 파친코장은 너무 시끄럽고 공기도 탁하다. 게다가 굉장히 진지하게 공략해도 하루의 수입 기댓값이 2만 엔 정도밖에 안 되는데 노동 시간은 13시간이 넘는다. 요컨대 근무 환경이 너무 열악하다. 이런 이유 등으로 파친코로 돈 버는 행위를 오래하지 못하겠다는 생각이 들었다.

20살에 2000만 엔을 모았지만, 그 정도 금액으로는 인생이 바뀌지 않는다고 생각했다. 3억 엔을 모은다면 어떨까? 인생이 달라질 테고, 일은 취미로 할 수 있게 될 것 같았다. 당시에는 취업 빙하기였기 때문에 여기저기에서 곡소리가 들렸다. 다들 급여로 매달 20만 엔을 받으며 회사에 다닐 수만 있으면 좋겠다고 말했다. 그러나 나는 파친코로 상당한 수입을 올리고 있었기 때문에 아침부터 밤까지 일하고 한 달에 20만 엔을 받는 것은 받아들이기 힘들었다. 뭐, 실제로 경험해 보고는 굉장히 훌륭한 시스템이라고 생각했지만 말이다.

　나는 취직하지 않고 살아갈 길을 모색했다. 이때 본격적으로 시작하려던 것이 있으니 바로 경마였다. 파친코로는 크게 벌기가 어렵지만 경마는 크게 걸면 큰 수익을 올릴 수도 있다고 생각했기 때문이다. 그래서 레이스를 보고 말의 실력 계수를 생각하는 연구도 했는데, 결론부터 말하면 완전히 꽝이었다. 회수율을 81퍼센트까지 높였지만 이것이 한계였다. 일반적으로 JRA일본중앙경마회의 환급률(입장료를 빼고 모두가 나눠 갖는 몫)은 단승식의 경우 75퍼센트다. 연구의 성과로 6, 7퍼센트 포인트는 더 딸 수 있게 되었지만 이 정도로는 의미가 없었다.
　노린 것은 JRA의 레이스였다. 토요일 일반 레이스의 경우, 마권을 10만 엔어치만 사도 배당률이 움직여 버리기 때문에, 규모가 큰 레이스가 아니고서는 돈을 따기가 어렵다고 생각했다. 그렇게 생각하면 큰돈을 걸기 용이한 레이스는 대체로 일주일에 한 번뿐인 일요일의 레이스밖에 없는데, 승부할 기회가 이것뿐이라는 것이 다소 아쉽게 느껴졌다.

당시는 젊었기 때문에 경마를 연구함으로써 실력이 상승한 것을 느꼈고, 여기에 승부를 걸었다. 연구의 정확도를 높이면 언젠가 손익 분기점을 돌파할 수 있지 않을까 하는 생각도 했다. 그러나 계속하면서 1000만 엔을 날렸고, 이 시점에 결국 포기하고 주식 투자로 눈길을 돌렸다.

지금은 손절이 특기이지만, 그때는 손절이 조금 늦었다.

— ❝ —

돈은 평범한 고등학생이나
대학생에 비하면 많이 갖고 있었지만,
돈이 많으니까
남들보다 뛰어나다고는 생각하지 않았다.

이 생각은 지금도 다르지 않다.

— ❞ —

제6장

억만장자가 된
비결

처음에는
잃기만 했다

인터넷 증권사에 계좌를 개설해 300만 엔을 넣어 놓고 주식 투자를 시작한 시기는 2000년 여름으로, 21살 때였다. 20살까지 파친코를 중심으로 만들었던 2000만 엔 중 1000만 엔을 경마로 날려서 통장에는 1000만 엔만 남아 있었다.

당시는 금리가 크게 낮아져서 초등학생 시절에 7퍼센트 정도였던 것이 0.1퍼센트가 되어 있었기 때문에 은행에 돈을 맡기는 것은 의미가 없었다. 게다가 수년 전에 금융 빅뱅으로 증권사의 수수료도 자유화되었기 때문에 이것이 기회일지 모른다고 생각했다.

처음 주식을 산 것은 고등학생 때였다. 그 무렵에 세븐일레 븐 재팬이 1대 1.1이라는 알 수 없는 주식 분할을 자주 했다. 8,000엔짜리 주식을 분할해서 1주에 7,000엔이 되었는데 그것 이 금방 8,000엔을 회복하는 식으로 주가가 움직였다. 그 패턴 을 익힌 나는 아버지에게 "이거, 분할하는 주식을 사면 돈을 벌 수 있을 것 같지 않아요?"라고 말했고, 그때 나도 10만 엔을 내 서 함께 주식을 샀다. 그 세븐일레븐 주식은 무사히 주가가 올랐 지만, 내 몫이 되어야 했을 돈은 아버지의 주머니에 들어갔다.

그 뒤로는 주식 투자를 하지 않았다. 2채널에서는 "5년 동안 계속 수익을 냈다"고 허풍을 쳤던 모양인데, 잘 기억이 나지 않 는다. 다만 그 경험이 있었기에 주가를 계속 확인하고 변동성도 파악할 줄 알게 되었으니, 그런 측면에서는 좋았다고 말할 수 있다.

처음에는 계속 잃기만 했다. 예금 중 주식 계좌에 넣지 않았 던 700만 엔과 매달 들어오는 급여도 계좌에 추가로 집어넣었 지만 계좌의 잔액이 한때 104엔까지 줄어든 적도 있었으니, 다 합쳐서 1000만 엔은 날리지 않았나 싶다. 한때는 부모님에게 증권을 빌려서 담보로 사용했다가 돈을 갚지 못해 몰수당하기 까지 했다. 그 증권을 몰수당한 것은 부모님에게 끝까지 말하지 못했고, 수익을 내서 자산을 늘린 2년 반 뒤에 부모님의 집을 다시 지을 때 돈을 드리면서 그것으로 이전에 빌렸던 증권을 갚은 셈 치자고 말씀드렸다.

그렇게 잃으면서도 주식 투자를 3년 동안은 해 보자고 생각했다. 3년 동안 연구해도 결실이 나지 않는다면 다른 새로운 일, 즐기면서 돈을 벌 수 있는 분야로 넘어가기로 했다. '남은 2년도 계속 잃는다면 투자금 전액을 투입하면서까지 본격적으로 주식 투자를 하지는 말자', '돈을 벌지 못해도 즐겁다면 취미로서 조금 하는 정도는 괜찮을 거야'라는 게 그때 나의 생각이었다.

기본적으로 굉장히 실력이 뛰어난 트레이더를 제외하면 투자의 세계에서 돈을 버느냐 잃느냐는 종이 한 장 차이이며 우연의 산물이다. 시장 금리라든가 경제성장률이라든가 국채 금리라든가 물가 상승률이라든가 그런 경제지표에 따라 자동으로 오르는 것 이상으로 수익을 낼 수 있는 투자는 우연밖에 없다. 잘 되고 있는 것처럼 보여도 리스크가 보이지 않을 뿐이라든가 사기에 걸려든 것이라든가 둘 중 하나라고 생각한다.

2채널의 오프 모임에서
수익을 내는 법을 배우다

내가 흑자로 전환한 데는 2채널의 주식 게시판의 오프 모임이 큰 역할을 했다. 그 오프 모임에 나가지 않았다면 한참 전에 주식 투자의 세계에서 퇴장했을지도 모른다.

당시는 데이 트레이딩 초창기였으며, 2채널도 생긴 지 얼마 되지 않았을 때였다. 요컨대 개척자 중의 개척자 같은 모임이었다. 모임에 나온 사람은 남성이 6명, 여성이 2명이었는데 남성 멤버 중에 uoa와 스크루~지, 비비리온이 있었다. 현재 uoa는 자산이 대략 200억에서 300억, 스크루~지와 비비리온은 수십

억일 것이다. 모임에 나온 남성 중 절반이 이만큼 돈을 벌었으니 참으로 놀라운 일이다. 나는 당시 평소에는 집에 틀어박혀 있었지만, 취향이 같은 사람들과 교류하며 정보를 교환하는 적극성이 중요할지 모른다는 생각을 하고 있었다.

멤버 중 한 명이었던 비비리온과는 모임이 끝난 뒤 전철을 타고 함께 귀가했다. 나이도 같고 둘 다 오타쿠스러워서 왠지 마음이 잘 통할 것 같았다. 그러나 그는 낯을 많이 가리는 듯 도중에 빈자리가 하나 생기자 아무 말도 하지 않고 쓱 앉아 버렸다. 나는 그에게 "혹시 뭘 샀는지 말해 줄 수 있어?" 하고 물어봤고, 그는 내 시선을 마주치지 않으면서 "다이도도린코(일본의 청량음료수 제조사—역주)"라고 짤막하게 대답했다. 이유를 물어보지는 않았지만 TOPIX 구성종목에 편입되었을 때의 주가 상승을 노린 것임은 금방 알 수 있었다.

당시 나는 저평가주를 사는 장기 투자 수법으로는 수익을 낼수 없음을 어렴풋이 느끼고 다른 방법을 모색하던 중이었는데, 새로운 방향성에 대해 그 오프 모임에서 확신을 얻을 수 있었다. 억 단위의 수익을 내는 사람들이 실천하는 방법이었다. 저평가라든가 고평가라든가, 이 회사는 미래에 실적이 향상될 것이라든가, 그런 요소는 내가 멋대로 믿고 있는 것에 불과했다. 수익을 내는 사람일수록 단기적인 주가의 움직임 그리고 차트라든가 지수 구성종목 편입 등의 이유가 있는 주식을 사고 있었다. '지금 있는 우위성'에 돈을 건다!

그 오프 모임을 계기로 나는 장기 투자를 그만두고 주가의 움직임만을 보는 단기 트레이딩으로 전환했다. 그랬더니 그동안 본 손해가 거짓말이었던 것마냥 연전연승을 하게 되었다.

정보를 뽑아낼 목적으로 참가했던 것은 아니었지만, 오프 모임에는 이런 효과가 있다. 중요한 정보를 얻는 데는 입소문이 최고다. 그때 만났던 비비리온, 스크루~지와는 지금도 일주일에 몇 번씩 만나서 마작을 즐기고 있다.

그 후 나도 때때로 2채널에서 오프 모임을 개최했다. 돌발적으로 '1시간 후 긴자에 올 수 있는 사람 모집' 같은 글을 올리는 식이다. 긴자의 번개 모임에는 80명 정도가 왔다. 긴자에 안경을 끼고 배낭을 멘 사람이 잔뜩 모인 것을 보니 신기한 기분이 들어서 재미있었다.

즉흥이라 모임 장소를 정해 놓은 것도 아니어서 급히 호텔의 연회장을 예약하려고 했더니 호텔 측은 "당일 예약이라 취소는 불가능하며, 1인당 3만 5,000엔입니다"라고 했다. 나는 기꺼이 300만 엔 정도를 냈다. 관심 분야의 사람들과 교류하는 것을 좋아하기에 조금 돈이 들기는 했지만 불만은 없었다.

오프 모임에는 장점도 있지만 단점도 있다. 때때로 모임 분위기가 나빠지곤 했는데, 주식 투자로 돈을 잃은 사람이 술에 취하면 난동을 부렸기 때문이다. 그 자리에 있었던 다른 사람을 구타하는 일도 있었다. 나는 2회 연속으로 사고가 발생한 뒤로는 술 모임을 열지 않았다.

겸업은
어렵다

나의 총자산이 1800만 엔이 되었을 무렵에 중국 출장을 간 적이 있다. 은행에 불량 채권 처리를 위한 공적 자금이 투입되어서 은행주가 계속 오르던 시절로, 당시 내가 보유한 은행주는 미쓰이스미토모 파이낸셜 그룹과 UFJ 홀딩스(당시)였다. 나는 레버리지(신탁 보증금의 몇 배 혹은 수십, 수백 배를 거래할 수 있게 해 주는 시스템)를 걸고 신용 거래를 한 것까지 포함해 3000만 엔어치를 보유하고 있었다. 그때 신용 거래의 레버리지는 현물을 사고 그 가격의 80퍼센트에 대한 3배였기 때문에 3.4배가 최고치였다. 레버리지를 걸었을 경우 담보로 잡은 현물의 가격이 하락하면 평가액은 그 3.4배의 속도로 하락하므로 돈이 순식간에 줄어든다.

출장 당일, 비행기의 출발 시각이 대략 오후 3시였는데 출발 전에 휴대폰으로 주가를 보니 상한가였다. 이대로 다음 날의 시초가까지는 계속 오를 가능성이 매우 컸다. 자산이 1800만 엔인데 가격의 변동이 극심한 주식을 3000만 엔어치나 들고 있는 것은 상당히 위험한 일이었다. 게다가 당시 일본의 폴더폰은 중국에서 통신이 되지 않았다. 현지에서는 닛케이 평균과 뉴욕의 주가 지수 정도밖에 알 수가 없었고, 그것도 중국어와 영어로 된 정보뿐이었다. 출장을 갔을 때 회사에서 받을 수 있는 돈은 수당을 포함해 하루 2만 엔 정도밖에 안 되었다. 나는 고민 끝에 '최악의 경우 죽을 각오로 계속 들고 있어 보자'라고 결론을 내렸다.

그 결과 어떻게 되었는가 하면, 출장을 간 다음 날에는 더 올랐다가 그다음 날에 폭락했다. 나는 폭락한 다음 날 귀국했다. 내가 귀국했을 때는 마침 주가가 다시 올라서 출국했던 날의 가격을 넘어섰으므로 정말 좋은 타이밍에 귀국한 셈이었다. 중국 출장을 가지 않았다면 내 스타일상 상한가부터 다음 날의 시초가까지는 팔지 않다가 떨어졌을 때 팔았을 것이다. 그리고 주가가 다시 오르면 "아니 지금 장난치는 건가?"라고 투덜대면서 다시 매수해 손실이 발생했을 것이 분명하다. 따라서 그때는 출장을 간 것이 오히려 결과적으로 이익이 되었다.

중국 출장에서 얻은 것도 있어서 회사를 그만둘 생각은 하지 않았지만, 불편함은 있었다. 단골 거래처로 영업을 갔는데 5분 단위로 휴대폰을 들여다볼 수는 없는 노릇이므로 영업이 끝날 때까지 꾹 참고 있다가 돌아가는 전철 안에서 휴대폰으로 주가를 확인하고 "으악!" 하는 일이 종종 생겼다.

갭 다운이라고 해서 점심시간이 끝났을 때 오후 장이 하락하기 시작하면 내 스타일상 매도할 가능성이 상당히 크다. 그런데 영업하는 도중이면 갭 다운이 일어나도 팔 수가 없고, 영업이 끝났을 무렵에는 더 떨어졌을 때가 많았다. 이렇게 영업 때문에 손해를 본 금액은 자산이 증가함에 따라 50만 엔, 100만 엔, 200만 엔으로 점점 커져 갔다.

— " —

기본적으로 굉장히 실력이 뛰어난 트레이더를 제외하면
투자의 세계에서 돈을 버느냐 잃느냐는
종이 한 장 차이이며 우연의 산물이다.

— " —

총자산이 6000만 엔이 되었을 때 회사를 그만두다

총자산이 3000만 엔 정도가 되었을 때 거의 전 재산을 투입해서 소프트뱅크 그룹(종목 코드9984)의 주식을 샀다. 그런데 얼마 지나지 않아 구舊소프트뱅크 BB의 개인 정보 유출 문제가 터졌다. 소프트뱅크 그룹은 그다지 심각한 사건이 아니라고 생각했지만 소프트뱅크 그룹의 주가는 변동이 심했고 느낌상 하한가가 될 것 같았다.

나는 회사에 전화를 걸어 "몸살이 심하게 나서 오늘은 쉬고 싶습니다"라고 말했다. 사실 몸살이 심하게 난 것은 내가 아니라 소프트뱅크였지만 말이다. 결국 하한가까지 가기 전에 거래가 성립되어 500만 엔의 손실을 봤다. 3000만 엔 중에서 500만 엔이므로 상당히 큰 손실이었다.

회사를 그만두고 전업 트레이더가 된 것은 총자산이 6000만 엔이 되었을 때였다. 4000만 엔 정도가 된 시점부터 나는 투자로 먹고살 수 있겠다고 생각했다. 주위의 동료 트레이더들에 비하면 전업 트레이더가 된 타이밍이 상당히 수비적인 편이다. 누군가는 6000만 엔이 있어도 독립하는 데 있어 불안감을 느낄 테지만, 많은 경우 트레이더로 성공한 사람들을 보면 자산이 500만~1000만 엔이었을 때 직장을 그만두었다.

마스프로라는 투자자 친구는 자산이 200만 엔일 때 직장을 그만두고 트레이더가 되었다. 중졸인 그는 비계공업과 소비자 금융업에 종사하다 프로게이머가 되었다. 전업 트레이더가 되기 직전에는 창업기의 드왕고에 있었다. 드왕고에 계속 있었으면 스톡옵션으로만 2~3억 엔은 벌었을 것이기에 그는 "아무래도 실수한 것 같아"라고 말했지만, 지금 그의 자산은 10억 엔 정도다.

또한 400만 엔으로 시작했다가 대부분을 날리고 20만 엔으로 재출발해서 역시 10억 엔 정도를 모은 고린이라는 사람도 있다. 제4장에서 이야기했던 자산의 절반이 넘는 가격의 아파트를 산 사람이다. 물론 자산이 1억 엔 정도일 때 투자자가 되었다가 실패한 사람도 있을 것이므로 결과가 나오기 전까지는 어떤 선택이 옳았는지 알 수 없다.

회사를 그만두었을 때 사장인 숙부님은 "자신의 힘으로 먹고 살려 하다니 훌륭하구나"라고 말씀해 주셨지만, 다른 직원이나 거래처 사람들은 "젊은 사람이 겨우 일하는 법을 익혀서 이제 쓸 만해졌다 싶었는데 그만두는 거야?"라고 말했다. 비꼬는 것 같기도 하고 부러워하는 것 같기도 했다.

자산과 건강은
역으로 흐른다

전업 트레이더가 되면서 자산이 불어나기 시작했다. 2채널에서 "너, 그거 다 거짓말이지?", "이 자식 허구한 날 뻥을 치네"라는 반응이 나올 만큼 수익을 내서 굉장히 즐거웠다.

그러나 한편으로는 탈모가 심해졌고 설사를 하는 빈도도 증가했다. 몸 상태가 너무나도 안 좋았기 때문에 병원을 굉장히 싫어하는 내가 원인이 무엇인지 알고자 병원에 가서 진찰도 받고 건강검진도 받았다. 전업 트레이더뿐만 아니라 프리랜서로 일하는 사람들은 회사에 다니는 사람처럼 정기적으로 건강검진을 받지 못하기에 주의가 필요하다.

나는 건강검진 결과 "복수腹水가 차 있네요. 스킬스 위암이라는, 진행이 빠른 암일 가능성이 높으니 정밀 검사를 해 봅시다"라는 답변을 받았다. 인터넷에서 검색해 보니 복수가 차면 1년 정도밖에 살지 못한다는 글이 있었다. 그래서 '혹시 나, 죽는 건가?'라고 잔뜩 겁을 먹은 채로 위내시경 검사를 받았는데, "축하합니다. 아무 이상 없습니다"라는 답변을 받았다. 어쩌면 파일로리균이 있을지도 모른다고 해서 검사를 받았지만 파일로리균도 없었다. 다만 특이한 점이 한 가지 있기는 했는데, 백혈구의 수가 기준치의 3배나 되었다.

피부도 심하게 거칠어져서 미용 관련해서 유명한 다카스 클리닉에 갔다. 원장인 다카스 선생님이 아닌 다른 의사 선생님에게 진료를 받았는데, 그분은 내게 "일을 그만두면 좋아질 겁니다"라고 말씀하셨다. 그분의 진단이 정확한 것 같았다. 인간의 구조상 흥분 상태이거나 집중하고 있을 때는 사냥 본능으로 부상을 당해도 괜찮도록 백혈구의 수가 늘어난다고 한다. 백혈구는 외부에서 들어온 균을 퇴치하므로 부상을 당했을 때 필요하다. 본래는 자고 있을 때 줄어드는데, 흥분 상태가 너무 길어져서 백혈구의 수가 많아졌다는 것이다. 다카스 클리닉의 의사라면 "왠지 모르겠지만 요즘 몸 상태가 좋지 않아서…"라며 찾아온 부자들을 진료할 기회도 적지 않을 터이므로 '이 사람도 일을 너무 많이 하는구나'라고 눈치챈 것이 아닐까 싶다. 탈모도 원형 탈모가 아니라 완전 탈모 상태였다. 전체적으로 머리카락이 굉장히 옅어져서 조만간 대머리가 될 상황으로 진행되고 있었다.

자산은 전업 트레이더가 된 뒤로 승승장구해 십 수억 엔까지 불어나 있었다. 그동안 아드레날린이 끊임없이 분출되었을 것이다. 밤에는 피곤해서 잠자리에 들지만, 금방 신경이 쓰여서 잠자리를 박차고 일어나 모니터에 미국의 종목을 수십 개 띄워 놓고 바라보고는 했다. 계속 수익이 나서 즐겁기는 했지만 몰두한 나머지 몸이 버티지 못하는 상태가 되어 있었다.

전업 트레이너가 되고 2년 차였을 때 골든위크에 아내와 함께 여행을 했는데, 연휴 도중에 평일이 이틀 끼어 있어서 주식 투자를 하기 위해 도쿄로 돌아간 적이 있을 정도다. 멀미를 하기 때문에 가급적 비행기를 타지 않는 내가 딱 하루 주식 투자를 하기 위해 비행기를 타고 규슈에서 도쿄에 갔다가 다시 규슈로 돌아왔다. 그사이 아내 혼자서 관광을 시키고 말이다. 매머드 무리가 눈앞을 지나가는데 그것을 어떻게 그냥 보내겠는가?

그해에 20억 엔 정도를 벌어들였으므로 시급으로 치면 100만 엔은 가볍게 넘어간다. 이렇게 되면 도저히 쉴 수가 없어진다. 눈앞을 지나가는 매머드를 놓치고 싶지 않게 되며, 눈앞에 보물 상자가 떨어져 있으면 열고 싶어진다.

　이후 오전 장에만 트레이딩을 하자 몸 상태가 극적으로 좋아졌다. 오후에 하는 마작이나 다른 놀이에는 그렇게까지 흥분하지 않으므로 몸이 휴식을 얻은 셈이다.

'1억 2000만 엔을 갖고 있습니다, 여자 친구 모집 중'

투자자의 소양은 있었다고 생각하지만, 되돌아보면 좋은 시대에 태어난 덕을 본 측면도 컸다.

지금의 아내와 만난 것도 2채널 덕분이었다. 전업 트레이더가 막 되었을 무렵, 오타쿠 청년의 사랑 이야기를 다룬 『전차남』이 크게 유행했다. 그때 나와 어울렸던 투자자 친구가 2채널의 순애 게시판에 '3억 엔을 갖고 있습니다, 여자 친구 모집 중'이라는 글을 올리고 '25세 정도의 용모에 자신이 있는 분'을 모집했다. 이것이 재미있어 보여서 나도 '1억 2000만 엔을 갖고 있습니다, 여자 친구 모집 중'이라는 글을 올려 봤다. 대신 나는 친구와 달리 '연령, 용모는 상관없습니다'라고 덧붙였더니 친구의 거의 100배나 되는 메일이 왔다. 여성으로서는 1억 엔이나 3억 엔이나 별 차이가 없는 모양이다. 친구에게는 메일이 일주일에 한 통 올까 말까였는데, 내게는 10개월 동안 대략 3,000통의 메일이 왔다.

사실 그중 2,000통은 주식 게시판에서 보낸 장난 메일이었지만, 1,000통은 정말로 여성이 보낸 메일이었다. 특별히 사귀는 여자 친구도 없었던 나는 다양한 사람을 만나 보는 편이 인생 경험도 되고 추후에 연애할 때 실패하지 않을 것 같다고 생각해서, 일주일에 서너 명씩 차례대로 만났다. 약속한 역에서 만나 함께 식사를 하고, 식사가 끝나면 택시를 잡아서 함께 탄 후 상대방의 집과 가장 가까운 역에 내린 후에 "오늘 즐거웠습니다"라고 작별 인사를 했다. 지극히 신사적인 만남이었다. 사실 이 정도로 행동을 정형화하지 않으면 일주일에 새로운 사람을 서너 명씩 계속 만나는 것은 무리였다. 밥을 먹은 뒤에 바에 가거나 노래방에 가거나 러브호텔에 가는 등 에너지를 사용하면 피곤해져서 곧바로 새로운 사람을 만날 수가 없다. 열린 게시판에서 모집한 상대이기에 무슨 일이 있을 경우 곧바로 공개

될 가능성도 있었다.

그 과정에서 참으로 다양한 사람을 만났다. 아무리 봐도 50세를 넘긴 여성이 와서 "내가 너무 누나인가?" 하고 말한 적도 있고, 밸런타인데이가 얼마 안 남았을 때 40대 후반의 여성이 와서 커다란 상자에 담은, 5킬로그램은 족히 되는 곰 인형 모양의 초콜릿을 줘 당황한 적도 있었다. 평범하게 살았다면 하지 못했을 경험이었다.

만나야 할 상대의 수가 너무 많아서 한 번 만난 상대와는 다시 만나지 않았다. 일정을 소화하는 것만으로도 벅찼다. 그래도 한밤중에 내게 전화를 거는 사람도 있었고, 새벽 2시에 '지금 만나러 가도 되나요?'라고 적힌 메일이 온 적도 있었다. 그 밖에도 이런저런 굉장한 메일이 와서 난감한 적이 많았다. 결혼하고 싶은 여성은 정말 무서운 에너지를 뿜어낸다는 사실을 알게 되었다.

이러기를 10개월 동안 계속하다―이 무렵에는 '4억 엔을 갖고 있습니다'로 제목이 바뀌어 있었다―학을 떼고 그만둔 직후에 연락한 사람이 지금의 아내였다. 지방의 국립대에 다니는 대학원생이었는데 취업 활동을 위해 도쿄에 왔다고 했다. 도쿄에 아는 사람도 없고 왠지 재미있어 보여서 인생 경험 삼아 메일을 보낸 모양이었다. 그런데 만나 보니 그때까지 만났던 100명이 넘는 여성들 중에서 가장 나와 잘 맞았다. 여성과 만나기를 그만둔 직후였기에 정신적으로 편했던 것인지도 모르지만, 가장 먼저 만났더라도 사귀고 싶었을 것이다.

아내는 내게 없는 것을 많이 갖고 있었다. 공부도 잘했고, 무술도 배웠고, 말랐지만 근육도 있었다. 외모도 내 취향이었다. 결혼반지를 살 때 무엇이든 마음에 드는 것으로 사 주겠다고 말했지만 아내가 고른 반지는 10만 엔 정도 되는 것이었다. 지금까지도 그보다 비싼 물건을 사 준 적은 거의 없다.

라이브도어 쇼크로 5억 엔을 날렸을 때도 "어머나" 정도의 반응이었다. 나도 돈을 쓰는 데는 흥미가 없기에 그런 마음이 잘 맞아서 좋았는지도 모른다.

— 66 —

그해에 20억 엔 정도를 벌어들였으므로
시급으로 치면 100만 엔은 가볍게 넘어간다.
이렇게 되면 도저히 쉴 수가 없어진다.
눈앞을 지나가는 매머드를 놓치고 싶지 않게 되며,
눈앞에 보물 상자가 떨어져 있으면 열고 싶어진다.

— 99 —

제7장

주식을 시작하려는
사람들에게

경제는
제로섬 게임인가?

2018년 11월에 비트코인, 이더리움, 리플이라는 상위 3개 가상화폐의 시가총액 합계가 약 17조 엔에 이르렀다. 2년 사이에 2조 엔에서 17조 엔이 된 것이다. 증가한 15조 엔은 어디에서 온 것일까? 마법처럼 하늘에서 떨어졌을까?

다른 예도 들어 보겠다. 가상화폐보다 훨씬 단순한 예다. 어떤 사람이 무일푼으로 창업을 해서 회사를 세웠는데, 10년 후에 그 회사의 시가총액이 현재의 애플 정도가 되었다. 대략 100조 엔이다. 그 100조 엔의 가치는 어디에서 온 것일까? 이것도 마법처럼 하늘에서 떨어졌을까?

왜 이런 생각을 하는지 의아해 하는 사람도 있을지 모른다. 당연히 잘못된 발상이 아니다. 시가총액 100조 엔의 회사가 생겼다고 해서 다른 통화나 유가증권, 부동산의 시가총액이 100조 엔만큼 감소하는 것은 아니기 때문이다. 그런 의미에서 경제는 제로섬 게임이 아니라고 말할 수 있을지도 모른다. 요컨대 득점과 실점의 총합섬이 제로가 되지는 않는다는 말이다. 지구상의 부의 총량은 계속 증가하고 있다.

이것이
현대사회다

부가 계속 늘어나면 어떻게 될까? 내 생각에 부는 인간이 줄다리기를 하는 상태를 수치화한 것이다. 대체로 극심한 인플레이션이 발생해 엔화의 가치가 떨어지지 않는 한 자신이 가진 자산의 가치는 유지될 것이라고 생각하는데, 그것은 오해다. 가령 가상화폐 등의 새로운 가치가 나타나면 자신이 가진 자산의 가치는 자연스럽게 하락한다. 새로운 가치가 탄생했을 때 다른 통화나 유가증권이나 부동산 등의 가치는 눈에 보이지는 않지만 실질적으로는 훼손되어 이전보다 떨어진다는 말이다. 그렇다면 새로운 100조 엔이 마법처럼 하늘에서 떨어졌다는 것은 숫자상으로는 맞는 말이지만 실태를 올바르게 나타낸 표현은 아닌 셈이 된다.

경제가 성장해 세상 전체가 풍요로워져 가는 측면도 있지만, 그 성장 속도는 그리 빠르지 않다. 지구의 자원이 소비되는 속도를 높이고 있을 뿐이라고도 말할 수 있을지 모른다. 경제는 상대적인 것으로, 투자나 트레이딩에서는 그런 측면이 특히 두드러진다. 결국에는 역시 제로섬 게임이라고 생각한다.

가령 주가 전체가 수 퍼센트 하락했을 때 자신의 보유 자산은 변동이 없다면 상대적으로 수익을 낸 것이 된다. 그래서 트레이딩은 돈을 빼앗고 빼앗기는 게임이라고 말할 수 있는 것이다. 부의 총량이 계속 증가하는 것과 병행해 돈의 가치는 계속 하락하고 있다. 돈만 있으면 무엇이든지 할 수 있는 세상이 된 것처럼 보이지만, 사실 돈의 위력은 약해지고 있다.

이렇게 말하면 "뭐? 그 반대 아니야?" 하고 반응하는 사람도 있다. 그러나 생각해 보자. 현대사회에서는 나 같은 개인 트레이더가 수백억 엔이나 되는 돈을 모을 수 있다. 개인이 개인의 힘만으로 그 정도의 돈을 모을 수 있는 것이다. 옛날이라면 어땠을까? 19세기 후반이나 20세기 초반만 해도 개인이 재벌에 대항하기는 불가능했다. 거액의 돈은 절대적인 힘이었기에, 개인으로서 재벌에 대항하려 한다면 새로운 종교의 교주가 되거나 정치적인 무엇인가가 필요했다. 제4장에서 당시 정부를 거론하며 제철소를 만들 생각은 없다고 말했는데, 그 무렵에는 재벌을 넘어서 정부 수준의 재력은 되어야 제철소를 만들 수 있었다. 가난한 나라에서는 정부조차도 엄두를 내지 못했다. 그런 나라는 부국강병의 길로 나아가고 싶어도 나아갈 수가 없었다는 말이다. 요컨대 국가가 보유한 돈의 액수가 국가의 힘을 결정했던 셈이다.

가상통화로 억 단위의 돈을 벌어들인 사람을 '오쿠리비토億リ人'(일본 영화 〈굿바이〉에서 파생된 조어로, 제목과 동일한 '떠나보내는 사람'이라는 뜻이다)라고 부른다. 뭐 이런 경박한 명칭이 다 있나 싶지만, 나 같은 사람이 돈을 버는 것도 이와 다르지 않다. 이것이 현대사회다. 옛날에는 절대적인 힘이었던 거액의 돈을 개인이 몇 년 만에 모을 수 있게 된 것도 높은 유동성 덕분이다. 한편으로 돈의 가치는 떨어지고 있으며 거액의 돈이 있어야만 할 수 있는 일이 줄어든 것도 사실이다.

차이나 쇼크 같은
위기야말로 기회다

2015년 8월에 중국이 달러에 대한 위안화의 가치를 평가 절하했다. 그 후 한동안 세계시장이 혼란에 빠졌고, 이것을 차이나 쇼크라고 불렀다. 주식을 안 하는 사람은 이해하기 어려울지 모르지만, 그때 내가 큰 수익을 올린 이야기를 하고 싶다.

당시 나는 큰 승부에 나서면서 2채널에 '많은 자산을 보유하고 있으면서 군이 전 재산을 날릴지도 모르는 리스크를 짊어지는 나는 바보인가?'라는 내용의 글을 썼는데, 이것은 상당히 과장된 이야기였으며 사실 그 정도로 리스크가 크지는 않았다.

위안화의 평가 절하가 실시되자 곧 중국에서 주가가 급락했고, 닛케이 평균도 300~400엔 하락했다. 반나절 후에 개장하는 미국 시장은 공포에 떨고 있었다.

미국 시장이 크게 하락할 기미를 보이면 손실 회피를 위해 S&P 500 선물이나 다우 선물이나 나스닥 선물을 매물로 내놓는, 이른바 손실 회피를 위한 헤지 매도 주문이 나오는 일이 많았다. 특히 거래가 성립되는 양이 적은 시간대에는 공포를 반영해 매도 주문이 대량으로 쏟아지는 경향이 있다. 그래서 나는 미국 시장이 열리기 직전에 손실 회피를 위한 매도 주문의 양이 최대가 될 것이라는 가설을 세우고 준비했다. 여기까지는 어느 정도 확신이 있었고, 이때 일본에서 같은 일이 일어날 가능성은 내가 생각했을 때 반반 정도였지만 그렇게 된다는 쪽에 도박했다.

나는 조금 전에 닛케이 평균 선물을 팔았기 때문에 먼저 그것을 환매했다. 대기업은 도산할 정도의 큰 손실을 피하고자 움직이는 경향이 있다. 이때도 닛케이 평균 선물이 기계적으로 매도되기 시작한 참이었기에 환매 타이밍은 최적이었다.

폭락의 공포 때문인지 닛케이 평균 옵션에도 엄청난 가격이 붙었다. 보통은 가격이 붙지 않거나 붙어도 1엔 정도인 것이 이때는 105엔까지 올랐다. 계산상 있을 수 없는 수치로, 105엔이 붙은 시간은 불과 3분 정도였지만 이것을 닥치는 대로 팔았다. 60엔까지 떨어졌지만 그래도 팔았다.

이때 내가 판 것은 풋이라는 하락 옵션이었다. 옵션의 만기일은 3, 4일 후였는데, 당시 1만 6,000엔이었던 닛케이 평균이 폭락해서 그 만기일에 1만 엔을 밑도는 수준까지 떨어진다면 파멸적인 손실을 입고 만다. 그래서 '전 재산을 날릴지도 모르는 리스크'라고 썼던 것이다.

그러나 실제로 그렇게까지 큰 손실이 발생할 리스크는 거의 없었다. 먼저 하한가라는 제도가 있기에 한순간에 엄청나게 떨어지는 사태는 발생할 수 없다. 게다가 닛케이 평균의 구조상 기업의 가치가 제로가 되어 버리는 회사가 속출하지 않고서는 그렇게까지 폭락하지 않는다. 일순간에 절반의 회사가 도산한다는 것은 일본에 대형 폭탄이 수십 개는 떨어지는 규모의 일이 일어나는 것과 같으며, 그렇게 되면 어차피 엔화를 아무리 많이 갖고 있다 한들 가치가 폭락할 것이다.

사람은 공포를 느끼면 시야가 좁아져 충동에 휩싸이는 경향이 있다. 나는 상황을 냉정하게 바라봤기에 그런 큰 승부에 나설 수 있었다. 당시에 나는 때마침 늘 같이 노는 투자자 동료와 술을 마시고 있었는데, 가격의 움직임을 보고 '이건 절호의 기회야!'라는 생각이 들어 안절부절못하다 양해를 구하고 집으로 돌아가 트레이딩을 한 다음 다시 술자리로 돌아갔다. 다른 투자자 동료들은 휴대폰으로 트레이딩을 해서 수백만 엔 정도의 수익을 냈다고 한다.

차이나 쇼크 때 내가 종합적으로 올린 수익은 약 23억 엔이었다(평가익은 최대 40억 엔). 블룸버그는 이것을 다룬 '수수께끼의 36세 데이 트레이터의 예측이 적중: 40억 엔의 이익'이라는 제목의 기사를 실었고, 야후의 톱뉴스가 되기도 했다.

— **"** —

사람은 공포를 느끼면 시야가 좁아져
충동에 휩싸이는 경향이 있다.

나는 상황을 냉정하게 바라봤기에
그런 큰 승부에 나설 수 있었다.

— **"** —

지금까지도
잊지 못하는 큰 실패

위기와 기회는 종이 한 장 차이, 아니 한 몸이라고 말하는 편이 더 정확할 것이다. 경기가 나빠져서 경제 공황이 찾아오는 것은 아닐지 걱정이 드는 위험한 시기일수록 크게 벌 기회가 있지만, 그것이 큰 손실로 이어지기도 한다. 지금까지 수익을 낸 이야기만 잔뜩 했는데, 투자에는 당연히 리스크도 따른다. 그래서 크게 잃었던 이야기도 하겠다.

2008년의 일이다. 부동산 투자신탁REIT이 하락해, 수익률이 연 15퍼센트 정도인 것까지 나왔다. 되돌아보면 바닥까지 내려간 것이었다. 부동산이 뜨거워졌다고는 하지만 회사의 가치도 팔고 있는 가격보다는 높은 것이 많아 명백히 저평가로 보였다. 그래서 REIT를 18억 엔어치 샀다. 당시의 총자산은 50억 엔이 조금 못 되는 수준이었는데 그 절반에 가까운 금액을 투입한 것이다. 데이 트레이딩을 하는 나로서는 보기 드물게 중장기적인 관점의 투자였다. 배당금이 연간 1억 수천 엔 정도 들어올 것으로 계산했고, 가격 상승도 예상했다. 내 생각에는 좋은 투자였다.

당시의 상황도 간단히 소개하고 넘어가겠다. 버블 붕괴 후인 1990년대, 불량 채권 처리에 고심하던 기업과 금융기관들이 잇달아 부동산을 처분했다. 그 결과 부동산 유동화 열풍이 불어, 2001년에 J-REIT^{부동산 투자 법인}가 창설되었다. 2006년경부터는 부동산이 버블 상태가 되었다. 그런데 2007년이 되자 가격이 하락하기 시작했고, 그래서 서브프라임 모기지론 문제가 발생했다. 흘러 들어왔던 자금이 순식간에 빠져나갔다. 게다가 이런 상황에 결정타를 날리는 사건이 발생했다. 바로 2008년 9월의 리먼 브라더스 사태다. 금융기관이 자금을 회수하자 J-REIT들은 자금 조달에 어려움을 겪었다.

불황이야말로 기회! 바닥일 때 주워서 크게 상승한 뒤에 판다, 이것이 가장 쉽게 돈을 버는 투자 방법이다. 그러나 당연하게도 세상은 그렇게 만만하지 않다. 바닥일 때 줍는 것은 좋지만, 만에 하나 도산해 버리면 가치는 바닥도 아니고 제로가 되어 버린다. 내가 산 때가 그런 시기로, 리먼 브라더스 사태가 일어나고 그다음 달인 2008년 10월에 세계 최초로 도산한 REIT가 등장했다. 뉴시티 레지던스라는 투자 법인이 도산한 것이다. 비정상적으로 매도 주문이 나오기에 조금 이상하다고 생각은 했지만, 이때는 발을 빼는 속도가 빠르다는 나의 특기를 발휘하지 못했다.

그 도산 뉴스를 들었을 때, 다음 날의 손실액이 얼마나 될지를 생각하니 밥이 들어가질 않았다. 보통은 어지간히 손해를 보더라도 저녁밥을 못 먹거나 하지는 않는데, 그때는 육체적 타격을 받았다.

다음 날, 보유하던 REIT의 대부분이 하한가를 기록했다. 최종적으로는 다른 부동산 관련 종목까지 합쳐서 6억 엔 정도를 잃었다. 50억 엔 가운데 6억 엔이면 그렇게까지는 큰 손실이 아니라고 생각할지 모르지만, 하루 만에 수억 엔을 잃었기에 타격이 컸다. 지금까지도 잊지 못하는 큰 실패였다.

이전에 라이브도어 쇼크로 5억 엔을 잃었을 때도 육체적 타격이 굉장히 컸다. 평소에 내가 해 왔던 트레이딩이 아닌 형태의 투자를 했다가 잃었다. 나의 강점을 활용할 수 없는 분야에 안일하게 투자했다는 후회도 정신적인 타격이 되어서 육체적인 타격으로 연결된 것이 아닐까 싶다.

'안녕
나 손오억이야'

라이브도어 쇼크는 2006년 1월에 발생했다. 그때는 닛케이 평균이 계속 상승하던 시기로, 버블의 재림이 아니냐는 말까지 있었다. 신흥주가 상장 이후 계속해서 신고가를 경신해, 다들 자산을 늘려 나간 시기라고 할 수 있다. 나도 그랬다.

라이브도어의 경영자인 호리에 다카후미 씨가 체포되었을 때, 나는 라이브도어의 주식을 27만 주 보유하고 있었다. (라이브도어는 100분할을 한 적도 있기 때문에 27만 주는 비율상 소량에 불과했다.) 나는 라이브도어 강제 수사 뉴스를 보고 상당한 충격을 받은 동시에 올 것이 왔다는 생각이 들었다. 라이브도어는 하한가를 기록했고, 팔려고 해도 거래가 전혀 성사되지 않았다. 관련 회사의 주식도 보유했기 때문에 손실이 상당했지만 어떻게 할 방법이 없었다.

나는 손실을 생각하는 대신 앞으로 어떻게 해야 수익을 낼 수 있을지를 생각했다. 호리에 씨가 체포되었어도 라이브도어라는 회사가 사라지는 것은 아니다. 순자산도 나름 있으며, 포털 사이트로서의 기능도 건재했다. 그래서 '이건 절호의 매수 기회야'라고 판단해 추가 매수를 하자고 결정했다.

강제 수사 뉴스가 나오기 직전의 주가는 696엔이었다. 그리고 6영업일 연속으로 하한가를 기록한 뒤 7영업일째에 마침내 거래가 성립된 주가는 155엔이었다. 당시 나의 자산은 28억 엔 정도였는데, 그중 19억 엔을 투입해 100엔대까지 하락한 라이브도어 주식을 샀다. 300엔대까지는 회복할 거라고 예상한 것이다. 그러나 반등하기는커녕 오히려 더 떨어졌다. 나는 안 되겠다 싶어 그날 중에 손절했다. 반등을 노린 매수 주문도 들어오기는 했지만 상장폐지가 되는 것은 아닐까 하는 두려움에 발을 빼려는 사람이 더 많았던 듯하다.

5억 정도는 손해 볼 생각으로 열심히 팔았는데, 운 좋게도 손절을 마쳤을 때의 손실액이 딱 5억 엔이었다. 거하게 삽질을 했지만, 이 정도로 통렬하게 실패를 하니 오히려 후련함도 찾아왔다. 아내에게 "오늘 5억 엔을 손해 봤어" 하고 말하자 "어머나"라는 반응이 돌아왔다.

그날 밤에 마작 약속이 있었기 때문에 2채널에 '안녕 나 손오억損五億이야'라는 글을 쓰고 마작을 하러 갔다. 마작은 평소처럼 재미있게 즐겼다.

눈치챈 사람도 있을지 모르겠는데 '안녕 나 손오억이야'는 〈드래곤볼〉 애니메이션의 예고편에 나오는 유명한 대사인 "안녕! 나 오공이야"의 패러디다. 5억 엔을 잃기는 했지만 이 패러디를 떠올린 것만으로 1억 엔 정도의 가치는 있지 않았나 생각한다.

빠른 사람은 항상 빠르고, 느린 사람은 항상 느리다

투자에는 공격형과 수비형이 있다. 억대로 벌어들이는 사람은 대체로 공격형이다. 무작정 먹잇감에 달려들어 휙 낚아채는 느낌이다. 한편 나는 공격도 크게 하지만 전체적으로는 수비형이다. 손절을 거듭하면서 기회를 노린다. 격투 게임으로 치면 조금씩 체력이 줄어드는 것을 감수하며 방어를 하다가 큰 기술 한 방으로 역전하는 유형이다.

좋은 사례가 제이컴 주식 오발주 사건이다. 나는 컴퓨터의 윈도우를 차례차례 열어서 500주씩 사들였고, 직접 확인한 다음 그룹 채팅창에 '이건 오발주니까 살 수 있어'라고 적었다. 그때 내 흉내를 내서 산 사람도 있었고, 너무나도 많은 매도 주문에 겁을 먹고 사지 않은 사람도 있었다. 물론 나보다 빨리 샀던 사람도 있다. 나는 제이컴의 기발행 주식 수를 확인하는 데 20초 정도가 걸렸기 때문에 정보를 보고 나서 매수하기까지 약 35초가 걸렸지만, 그런 시간을 들이지 않고 일단 매수하고 본 사람도 있었다.

재미있는 점은 그때의 행동이 그 뒤에도 이어졌다는 것이다. 그때 사지 않았던 사람들은 투자의 세계에서 거의 살아남지 못했으며, 설령 살아남았더라도 여전히 수비적으로 투자하고 있다. 반대로 나보다 일찍 산 사람들은 비트코인도 나보다 일찍 샀다.

사람의 플레이 스타일은 쉽게 바뀌지 않는다. 빠른 사람은 항상 빠르고, 느린 사람은 항상 느리다. 그리고 빠른 사람이 투자자로서 더 적성에 맞는다. 여기에서 빠르다는 것은 머리가 좋다는 의미가 아니다. 남들보다 빨리 행동한다는 의미다. 제이컴의 주식을 나보다 빨리 사고 비트코인도 나보다 훨씬 먼저 시작했던 어떤 사람은 여러 가지 감시 툴을 사용하고 있었다. 자신은 프로그램을 짤 줄 모르기 때문에 프로그래머를 고용해서 그런 툴을 제작했다. 게다가 미국이나 홍콩에 해외 계좌도 개설하고, 법인을 설립하기 위해 현지에 다녀오기까지 했다. 그 법인 자체는 별로 이익을 만들어 내지 못한 모양이지만, '이 양반, 대체 얼마나 의욕이 대단한 거야?'라는 감탄밖에 나오지 않았다. 무엇이든 남들보다 먼저 행동하고 의욕이 있었다.

그 사람은 산쿠라는 투자자다. 개인 트레이더로서 〈웃어도 좋고말고!〉에 함께 섭외되었는데, 나는 복면을 쓰고 출연했지만 그는 얼굴을 공개한 채 해설을 했다. 지금은 연고지로 돌아가 의원이 되었다. 얼굴도 괜찮고 말하는 것도 좋아했던 그는 트레이딩으로 수익을 내지 못하자 연예인이 될 방법을 모색하고 있었다. 주식시장에 해박한 연예인이라는 콘셉트를 생각하는 듯했다. 그 후에는 "정치 활동이 즐거워졌어"라는 말도 했다.

어째서인지는 모르겠지만 개인 트레이더에서 정치가로 변신하는 사례가 꽤 많다. 산쿠 씨는 예외이지만, '저 친구, 돈 버는 능력이 좋은 건 맞지만 윤리적으로는 문제가 있어'라고 생각한 사람이 그런 길을 걷는 경우가 많은 것 같다.

— " —

불황이야말로 기회!
바닥일 때 주워서 크게 상승한 뒤에 판다,
이것이 가장 쉽게 돈을 버는 투자 방법이다.

그러나 당연하게도 세상은 그렇게 만만하지 않다.
바닥일 때 줍는 것은 좋지만,
만에 하나 도산해 버리면
가치는 바닥도 아니고 제로가 되어 버린다.

— " —

추락한 회사를 사는 것에는
꿈이 있다

50만~100만 엔의 예산으로 주식 투자를 시작한다면 처음에는 IPO의 데이 트레이딩이 좋다고 생각한다. IPO 종목 중에서 유동성이 높은 것을 산 다음, 오르지 않을 것 같으면 즉시 손절하고 오르면 계속 보유하는 것이다. 가령 도쿄 메트로^{도쿄 지하철}라든가 공적에 가까운 기업의 IPO는 많은 사람이 당첨되는 형태로 추첨하므로 신청한다. 일반적으로 IPO는 주가가 크게 오르면서 시작할 가능성이 크기에 그렇게 해서 번 돈을 투자 자금으로 삼는다.

다만 데이 트레이딩의 경우 주가의 움직임이 심상치 않다 싶으면 즉시 발을 뺄 필요가 있는데, 이럴 때 회사원은 화장실에 틀어박혀 스마트폰을 들여다보는 횟수가 늘어난다는 것이 난점이다. 그래도 기회는 넘쳐나며, 자산을 불릴 기회가 보물처럼 잠들어 있다고 생각한다.

그렇게 해서 예산이 2000만 엔을 넘기면 IPO 데이 트레이닝 이외에 다른 것도 한다. 예산이 증가함에 따라 불리는 속도는 점점 둔화한다. 효율적으로 자산을 1년에 10배로 불리고 싶다면 상당한 리스크를 감수해야 한다. 그러나 그 정도로 높은 목표를 세우지 않는다면 목표 달성의 난이도는 그다지 높지 않을 것이다.

'정보를 모으는 노력은 별로 하고 싶지 않지만 그래도 수익을 내고 싶어' 하고 생각하는 사람은 불황기의 적자 회사에 장기 투자를 해 봐도 좋을지 모른다. 아슬아슬하게 흑자를 유지하는 회사는 고려 대상에서 탈락이며, 흑자에서 적자로 전락한 회사가 좋다. 그런 회사는 호황이 되면 다시 흑자가 나서 주가가 언제 그랬냐는 듯이 상승할 가능성이 크다. 다만 망해 버리면 주식이 휴지 조각이 되어 버리니 망하지 않을 것 같은 회사를 노리자.

IT 버블 붕괴 후나 리먼 브라더스 사태 같은 큰 사건이 일어났을 때는 증권사의 애널리스트가 "지금은 실적도 좋지 않으므로 매도를 추천합니다" 같은 말을 하기 쉽다. 그럴 때 파는 것이 아니라 산다면 이익을 낼 수 있다. 가령 서브프라임 모기지론 문제가 발생한 2007년에 "일본의 은행도 서브프라임 모기지론을 1조 엔이나 보유하고 있잖아?", "감손 회계로 망하는 것은 아닐까?" 같은 이야기가 돌았지만, 나중에 되돌아보면 절호의 매수 기회였다. 그런 타이밍을 놓치지 않는 것이 중요하다.

반대로 호황기에는 사지 않는 편이 좋다. 경기는 순환하기 때문에, 전체적으로 주가가 오르고 주간지에 특집 기사가 실리고 애널리스트가 매수를 추천할 때는 더 상승할 여지가 남지 않았을 가능성이 크다.

상장폐지가 될 것 같은 회사도 노린다. 비교적 최근의 경우라면 JAL, 도시바, 도쿄전력 등이다. 금융 위기 당시의 은행도 그런 경우에 가까웠다. 이런 회사들에 대해서는 "이제 틀렸지 않아?"라는 인식이 지배적이었으며, 그렇기에 위기를 벗어났을 때는 10배 혹은 20배나 되는 수익도 기대할 수 있다. 시장은 리스크를 회피하는 경향이 강하기 때문에 위험하다고 생각되면 필요 이상으로 매도 주문이 쏟아진다.

다만 나는 정치적인 판단에 좌우되는 종목은 기본적으로 사지 않는다. 정치가의 생각은 읽을 수가 없기 때문이다. 가령 JAL은 정부와 기업재생지원기구 등이 개입해 어떻게 될지 알 수 없었기 때문에 사지 않았다. 도시바는 역행 투자로 사는 것도 나쁘지는 않다고 생각했지만 전반적으로 경기가 좋았기에 그 상황에서 역행 투자는 하고 싶지 않았다. 만약 세계적으로 위험한 상황이고 나아가 "반도체 회사는 위험합니다"라는 말이 나왔다면 샀을 것이다. 이런 상황이었다면 도시바의 주가는 40엔이나 50엔이 되어 있었을 터이며, 그 상태에서 도산의 위기를 넘기면 수배, 수십 배가 되었을 것이기 때문이다.

　회사가 적자에 빠져 무배당이 되고 도쿄증권거래소 1부에서 탈락하면 펀드나 TOPIX 연동형 투자신탁 등의 기관 투자자들이 매도해 주가가 하락한다. 그런 뒤에 다시 도쿄증권거래소 1부에 상장하거나 닛케이 225에 채용되거나 하면 그것만으로도 주가가 오른다.

　휴지 조각이 될 리스크를 짊어지고 추락한 회사를 사는 것에는 꿈이 있다.

08

이런 식의 버그는
세상에 얼마든지 있다

앞으로 투자하려는 사람은 비트코인 등의 가상화폐도 염두에 둬야 할 것이다. 매매 방법은 주식, 외환, 선물과 다르지 않다. 아니, 가격이 붙어서 매매되는 것은 전부 똑같다. 다시 말해 오르고 있을 때 사고, 떨어지면 판다. 떨어지고 있을 때는 사지 않는다.

내가 비트코인에 관심을 갖기 시작한 것은 마운트곡스 사건이 일어났을 때였다. 2014년에 마운트곡스라는 가상화폐 거래소에서 대량의 비트코인과 고객 예치금이 사라졌다. 거래소에서는 처음에 사이버 해킹이라고 설명했지만, 그 후 사장이 업무 상 횡령 혐의로 체포되었다. 2018년 현재 재판 결과는 아직 나오지 않았다(2019년에 징역 2년 6개월, 집행유예 4년을 선고받았으나 업무 상 횡령에 관해서는 무죄가 인정되었다. 한편 2023년 6월 9일에는 미국 사법 부가 마운트곡스를 해킹한 러시아인 두 명을 기소했다―역주).

이 사건이 일어나고 비트코인의 가격이 1,000달러에서 150 달러까지 단번에 하락했다. 거래소에서 사고가 일어났을 뿐 물 건 자체는 달라진 것이 없는데 매도 주문이 쏟아졌다. 본질적인 가치는 변하지 않았는데 분위기만으로 크게 변동한다. 명확히 이렇게 말할 수 있을 때는 기회가 된다. 다만 이때는 엔화로 쉽 게 계좌를 개설할 수 있는 거래소를 발견하지 못해서 포기했다.

그 후 2017년 봄부터 오르기 시작했다. 10만 엔 정도에서 계 속 올라 20만 엔을 돌파했을 때 오르는 속도가 빠르니 사면 좋 지 않을까 생각했다. 하지만 조사해 보니 비트플라이어라는 당 시 일본 최대의 거래소조차도 유동성이 없고, 이익에 대한 세율 도 높으며, 수천만 엔 규모로 사기가 쉽지 않음을 알았다. 그래 서 이때도 일단 사지 않고 넘어갔다.

2017년은 내가 주식 투자를 시작한 이래 가장 버블이 된 해 였다. 비트코인의 영향이 컸다고 생각한다. 그해 10월에는 비트코인의 가격이 70만 엔에 이르렀다. 레버리지 거래 등도 생겨서 이익을 낼 기회가 있지 않겠느냐는 생각에 이번에는 정말로 샀다. 뭐든지 손대 보는 계열의 투자자이지만 가상화폐에 관해서는 '약간 후발 주자'였다고 생각한다.

처음에는 100비트코인을 샀고, 오를 때마다 50비트코인씩 추가로 샀다. 그리고 한동안 그대로 유지했다. 종합적으로는 1억 5000만 엔 정도였다.

판 시기는 비트플라이어의 레버리지 거래 쪽이 비트코인에 대해 26퍼센트 정도 비싸졌을 때였다. 똑같은 비트코인인데 가격 차이가 너무 컸기 때문에 레버리지 거래 쪽에서 판 다음 현물로 구입했다. 똑같은 것인데 가격 차이가 생긴다는 것은 많은 플레이어가 상황을 냉정하게 바라보고 있지 않다는 뜻이다. 요컨대 상황을 냉정하게 바라보면 '우위성'이 만들어진다. 과거에는 닛케이 평균조차 닛케이 평균 선물 간에 5퍼센트 정도의 괴리가 있었다. 그런 현상이 감지되면 싼 쪽에서 매수한 다음 비싼 쪽에서 매도함으로써 기계적으로 수익을 올릴 수 있다. 다만 지금은 재정 거래라고 해서 알고리즘이 비싼 쪽을 팔고 싼 쪽을 사게 되어 있다. 닛케이 평균 선물과 닛케이 평균은 금리와 배당 수익률을 고려한 이론값이 되어서 거의 차이가 없이 움직이고 있기 때문에 기본적으로는 그런 기회가 사라졌다.

재정 거래가 생겼을 때의 기사가 남아 있어서 읽어 봤는데, "누에(원숭이의 얼굴, 너구리의 몸통, 호랑이의 다리, 뱀의 꼬리를 가졌다는 일본의 요괴—역주) 같은 무서운 것으로 닛케이 평균의 폭락을 일으켰다"는 내용이 적혀 있었다. 당시에는 정체를 알 수 없었던 무엇인가가 생겼다는 정도의 감각밖에 없었음을 알 수 있다. 그 정도로 당시의 사람들은 가격 차이에 관해 생각하지 않았다.

비트코인도 매매 대금이나 시가총액이 지금의 10배, 50배, 100배가 되면 그런 알고리즘이 점점 개입해 효율적인 시장이 될 것이다. 그러나 그렇게 되기 전까지는 아무도 신경을 안 쓰지 않을까?

가상화폐의 또 다른 특징으로 서버가 취약해서 멈추기 쉽다는 점을 들 수 있다. 어떤 거래소든 서버가 폭주해서 주문 접수가 안 될 때가 있다. 그러면 가격이 확 오르거나 떨어진다. 원활한 거래 시스템의 정비라는 관점에서 보면 아직 발전 과정이라고 말할 수 있으며, 그렇기에 파고들 틈이 있었다.

그리고 가상화폐가 뉴스를 반영하는 속도는 정말 느리기 짝이 없다. 주식의 경우는 주가의 움직임을 보면 그 뉴스가 얼마나 심각한 것인지 판단할 수 있는데, 가상화폐는 그런 식으로 판단할 수가 없다. 사는 사람들은 가상화폐를 새로운 장르로 생각할 뿐 수많은 투자 상품 중 하나라고는 잘 생각하지 않기 때문이다. 그 결과, 오를 것 같다고 생각되면 엄청나게 사지만, 떨어질 것 같다고 생각되면 더는 사지 않는 양극화의 경향이 있다.

그렇다면 나는 서버의 취약성을 어떻게 파고들었을까? 한때는 200만 엔이 넘었던 비트코인의 가격이 2018년에 들어와 계속 떨어졌다. 그래서 나는 150만 엔이 무너지면 로스컷 매도(자동으로 실시되는 강제 결제를 통한 매도)가 상당히 발생하지 않을까 예측했다. 레버리지를 걸고 투자한 사람은 로스컷 매도가 발동할 가능성이 있기 때문이다.

비트플라이어는 서버가 취약해서 폭락하면 주문이 들어오지 않게 되어 있었다. 나는 이런 점을 고려해 로스컷 매도된 비트코인을 전부 살 요량으로 미리 120만 엔부터 100비트코인씩 단계적으로 매수 주문을 넣어 놓았다. 내 예상이 현실화된다면 성공이고, 현실화되지 않았을 때는 취소하면 그만이다. 열흘 정도 지났을 때 정말로 비트플라이어에 주문이 들어오지 않게 되었고, 내 매수 주문이 로스컷 매도 물량을 계속 낚아챘다. 주문이 정상적으로 들어왔다면 줍기 어려웠겠지만 주문이 멈춰 있었기 때문에 미리 넣어 놓았던 매수 주문이 체결되어 갔다.

가격이 회복되지 않으면 어떡하나 하는 불안감은 없었다. 해외의 비트코인은 145만 엔 정도에서 움직이고 있었기 때문에 내 매수 주문이 120만 엔 정도에서 체결된다면 적어도 외국의 거래소 수준까지는 회복될 것으로 내다봤다. 그 전까지는 일본의 비트코인 가격이 더 비싼, 일명 재팬 프리미엄 상태였기에 해외 거래소보다 5퍼센트 정도 비싼 수준까지 오르면 서서히 팔자고 생각하고 있었다. 수수료는 들지만 해외의 거래소로 비트코인을 가져가서 팔아도 된다고 생각했다. 결국 절반 정도 회복되었을 때 팔아서 약 1억 5000만 엔의 수익을 냈다.

이런 식의 버그는 세상에 얼마든지 있다.

09

투자자는 AI를
이길 수 있을까?

최근 수년 사이 AI가 정말 놀랍도록 발전했는데, 바둑도 좋아하는 나는 알파고에 크게 감동했다. 장기나 바둑 같은 완전 정보 게임뿐만 아니라 포커나 블랙잭 같은 불완전 정보 게임의 세계에서도 이미 AI가 더 강해졌다. AI가 이끌어 낸 결과를 보고 정상급 플레이어가 자신의 플레이를 검증하는 경우도 늘고 있다. 현재는 갈 길이 멀어 보이지만, 조만간 마작도 AI가 더 강해지지 않을까 싶다.

알고리즘이나 AI의 등장으로 주식 투자라는 게임의 난이도는 매년 높아지고 있다. 가령 옛날에는 하한가까지 폭락하는 종목이 있으면 즉시 호가창에 주문을 넣어서 주운 다음 반등을 기다릴 수 있었다. 그러나 이제 그런 속도는 기계를 이길 수가 없다.

다만 알고리즘 거래라고 해서 모든 트레이딩에서 수익을 낼 수 있는 것은 아니다. 현재의 알고리즘 거래는 인간이 설정하는 경우가 대부분일 것이다. 어떤 조건에서 사고 싶거나 팔고 싶을 경우에 속도로는 도저히 이길 수 없다는 층위의 이야기일 뿐, 가령 재정 거래처럼 가격 차이를 취하는 거래는 아직 작은 규모로 한정되어 있다.

그러나 AI가 자동 학습해서 거래를 하게 되면 두 번째 미꾸라지를 AI가 가로챌 것이며, 첫 번째 미꾸라지도 발견해 버릴지 모른다. 가까운 미래에 AI가 상당한 양의 돈을 뽑아 갈 것이며, 그러다 보면 AI끼리의 주식거래가 시장의 대부분을 차지하게 될지도 모른다.

이런 식으로 나는 AI가 점점 강해지리라고 생각하지만, 인간이 할 수 있는 일은 얼마든지 있다.

가령 AI는 리스크를 짊어지지 않는다. AI가 수천억 엔이나 수조 엔 같은 수준의 리스크가 있는 거래를 할 수 있을까? AI

에는 공포심이 없겠지만 AI를 운용하는 사람에게는 공포심이 있다. 나는 현금 160억 엔 중에서 150억 엔을 거래에 투입할 수 있지만, AI에게 그런 식으로 투자하도록 맡기는 것은 아마도 주주가 승인하지 않을 것이다. 폭락할 때는 리스크를 최소화하는 방향으로 움직일 수밖에 없을 것이다. 이것은 자동차의 자율주행이 진전되지 않는 것과 다르지 않다. 그쪽에는 기계가 사람을 죽게 했을 경우의 저항감 등이 있을 것이다. 결국 단독으로는 그렇게까지 많은 돈을 운용하게끔 두지 않을 것이다.

즉 AI가 짊어지지 못하는 리스크를 짊어질 수 있다는 것이 인간의 강점이라고 할 수 있다. 실제로 나는 주로 그런 상황에서 승리함으로써 돈을 벌어 왔다.

— 66 —

AI가 짊어지지 못하는 리스크를
짊어질 수 있다는 것이
인간의 강점이라고 할 수 있다.

실제로 나는 주로 그런 상황에서
승리함으로써 돈을 벌어 왔다.

— 99 —

10

무한히 노력하면
대부분의 사람은 이길 수 있다

처음 시작했을 때 큰 수익을 낸 사람이 주식 투자에 빠진다고 한다. 운 좋게 수익을 냈느냐, 실력 있는 선배에게 배워서 수익을 냈느냐는 아무래도 상관없는 모양이다. 마작도 마찬가지여서, 처음에 돈을 딴 사람이 빠져들곤 한다. 설령 그 후에는 연전연패를 하더라도 처음의 승리 경험이 좋았다면, 그 즐거움이 더 강렬하게 남아 있으리라.

노력과 보답의 선순환이라는 것은 분명 존재한다. 공부하면 이긴다. 이기면 기분이 좋으니까 더욱 열심히 공부한다. 그러면 점점 실력이 좋아져서 더욱 많이 이긴다.

이것은 승부뿐만 아니라 상당히 폭넓은 분야에서 볼 수 있는 법칙이다. 내 경우에는 사실 그런 선순환이 필요가 없었다. 처음 했을 때 지더라도 재미있는 것은 재미있다고 생각해 계속하는 유형이기 때문이다. 이것은 지금도 마찬가지여서, 결과가 나오지 않더라도 꾸준히 공부하는 것은 괴롭지 않다. 무한히 노력할 수 있다. 좋아하는 분야에서 몇 년씩 노력하면 대부분의 사람은 이길 수 있다고도 생각한다.

물론 사람에 따라 적성은 존재할 것이다. 나 같은 기댓값 마니아는 굳이 따지자면 괴짜이며 소수파라고 생각한다. 아마도 세상의 80퍼센트 이상은 손해를 보는 것에 굉장한 스트레스를 느낄 것이다. 그런 사람은 회사원으로 남는 것이 좋다고 생각한다. 착실하게 일하는 것만으로 매달 자산이 플러스된다는 것은 상당히 정신적으로 좋은 일이다.

그저 나는 시급 효율이라든가 자산 효율을 최대화하고 싶어 할 뿐이다. 안정된 길에 효율의 최대화는 존재하지 않는다. 그래서 나는 전업 트레이더의 길을 걷고 있다.

11

밀어붙일 것인지 물러날 것인지를 매번 결정한다

지금부터는 부록으로 도박에 관한 나의 생각을 이야기하려 한다.

나는 대부분의 도박에 손을 댔으며, 나름 이겨 왔다. 가령 주식 투자와 포커는 상당히 비슷한 게임이다. 주식은 오르거나 내리거나 둘 중 하나뿐이다. 그렇기 때문에 매번 밀어붙일(베트) 것인지 물러날(폴드) 것인지를 결정해야 한다.

이렇게 말하면 '이미 보유한 주식을 유지하는 건 밀어붙이는 것도 물러나는 것도 아닌 현상 유지 아니야?'라고 의문을 품는 사람도 있을지 모르지만, 그것은 조금 다르다. 언제라도 팔 수 있다는 선택지가 있는 가운데 계속 보유하는 것은 밀어붙이는 것과 같다. 휴지 조각이 될 수도 있다는 리스크를 생각하면 더욱 그렇다. 포커도 한 바퀴를 돌 때마다 밀어붙일 것인지 물러날 것인지 판단해야 한다.

밀어붙일지 물러날지를 판단하는 것은 리스크와 리턴의 비교다. 매번 리스크가 있고, 리턴의 기대감도 있다. 어느 쪽이 더 큰지를 판단해서 밀어붙일 것인지 물러날 것인지를 결정한다. 주식 투자와 포커를 포함해서 내가 어떤 게임이 재미있다고 생각하느냐 재미없다고 생각하느냐는 이 부분이 큰 비중을 차지한다. 가령 장기 같은 게임은 불확정 요소가 없기 때문에 나의 내부에서는 다른 유형의 게임으로 분류한다. 그런 게임에는 분명 또 다른 매력이 있지만, 내가 플레이어로서 즐기고 싶은 것은 운이 개입하는 불완전 정보 게임이다.

그렇다면 게임이라는 측면에서 봤을 때 주식 투자와 포커에는 어떤 차이가 있을까? 다른 점으로는 먼저 플레이어의 수를 들 수 있다. 주식 투자는 몇 명이 플레이하는지도, 자금의 규모도 보이지 않는다. 그저 매수 주문과 매도 주문의 양이 보일 뿐이다. 인원수의 상한도 하한도 없이 불특정 다수가 참가하며,

배후에 있는 자금의 규모도 알 수 없다.

한편 포커는 테이블을 둘러싸고 있는 인원수가 눈에 보인다. 상대 한 명 한 명을 이번에는 밀어붙이는지 물러나는지를 관찰하면서 플레이할 수 있다. 자금의 규모도 테이블 위에 놓인 칩이라는 형태로 가시화되어 있다. 칩이 추가될 때도 있으므로 완전히 '닫힌계'는 아니지만, 그에 준하는 게임이라고는 말할 수 있다.

대중에게 포커는 서로 좋은 패인데 나쁜 패인 척, 나쁜 패인데 좋은 패인 척 블러핑을 하는 가운데 상대방의 블러핑을 간파하고 패를 읽어 내는 게임이라는 이미지가 각인되어 있는 듯하다. 그러나 이것은 낡은 이미지다. 현대의 포커는 훨씬 더 '확률의 게임'이 되었다. 패 읽기와 심리전을 합친 게임이라는 것은 겉모습에 사로잡힌 시각이며, 그 토대인 숫자의 조합, 다시 말해 확률이 압도적으로 중요하다.

트럼프를 사용하는 게임이기에 당연하겠지만, 기본은 숫자의 조합이다. 가장 많이 플레이되는 포커인 텍사스 홀덤에서는 뒤집어 놓고 있는 자신의 카드 두 장(이것을 핸드라고 한다—역주) 외에 공통 카드가 한 장씩 깔릴 때마다 자신이 만들 수 있는 족보(역役이라고 한다 —역주)의 확률이 변동되어 간다. 동시에 상대방이 만들 수 있는 족보의 확률도 변동된다. 바닥에 깔리는 카드의 장수가 늘어날 때마다 각 플레이어는 베트, 레이즈, 콜, 폴드 중 하나를 선택한다. 즉 한 바퀴가 돌 때마다 밀어붙일 것인지 물러날 것인지에 대한 판단을 요구받는다. 밀어붙이는 선택은 베트, 레이즈, 콜이며, 물러나는 선택은 폴드다.

기본이 되는 것은 자신의 핸드로, 족보를 만들 수 있을 확률은 수학적으로 구할 수 있다. 다만 좋은 핸드가 완성되었다고 해서 크게 이길 수 있는 것은 아니다. 크게 이길 수 있는 것은 칩이 잔뜩 걸렸을 때다. 그렇기 때문에 기댓값의 계산이 간단하지 않다.

현재는 이런 세세한 부분까지 통계 데이터가 만들어져 있다. 특히 서양에서 포커의 수학적 연구가 굉장히 발달했다. 자신의 핸드의 강력함의 기댓값을 기본으로, 상대방의 핸드의 강력함의 기댓값이나 걸린 칩의 양에 맞춰 변동되는 기댓값까지 고려하며 플레이한다.

블러핑을 너무 많이 사용하는 사람은 패배한다는 것도 통계적으로 명확히 드러났다. 다만 블러핑을 사용하지 않는 사람도 패배하기 때문에 '몇 퍼센트 정도 블러핑을 사용하자'라고 기계적으로 비율을 정해 놓는 플레이어도 있다. 이것이 현대의 포커다. 상당히 통계적인 게임이 되었다.

옛날 영화에서는 자신에게 좋은 핸드가 왔을 때 처음부터 레이즈를 하면 자신이 좋은 핸드임을 상대방이 눈치채기 때문에 처음에는 별로 좋은 핸드가 아닌 척 콜부터 시작하는 장면이 나온다. 대인 게임으로서는 자연스러운 전술이므로, 그런 심리전은 지금도 있다. 다만 그런 인간적인 판단이 전부는 아니다. 상대방이 거의 통계적인 판단만으로 밀어붙일지 물러날지를 선택할 경우 이런 종류의 연기는 의미가 없어진다.

이런 점도 주식 투자에 가깝다.

— " —

노력과 보답의 선순환이라는 것은 분명 존재한다.
공부하면 이긴다.
이기면 기분이 좋으니까 더욱 열심히 공부한다.
그러면 점점 실력이 좋아져서 더욱 많이 이긴다.

— " —

마작도
주식의 연장선이다

마작에 대해 어떤 이미지를 갖고 있을까? 이것은 사람에 따라 상당히 다를 것이다. 애초에 포커보다 복잡한 게임이기는 하다.

누군가는 마작을 두고 운빨 게임이라고 말한다. 최근에는 그래도 많이 줄어들었지만, 옛날에는 운을 조작하는 기술이야말로 마작의 기술이라고 주장하는 사람도 많았다. 불완전 정보 게임에서는 눈앞에서 벌어진 예외적 상황이 깊게 각인되어 그런 인식을 갖게 되는 경우가 많다.

나는 옛날부터 수학적인 관점에서 흥미가 있었다. 운을 이야기하는 사람을 부정할 생각은 없지만, 나는 그런 것에 흥미가 전혀 없었다. 서양 사람들은 옛날부터 포커에 관해서 이야기할 때 운은 신경 쓰지 않고 어디까지나 수학적으로만 논했다. 다만 최근 들어서는 세상의 흐름이 그 방향을 향하고 있어서인지 마작에서도 운을 통제하려는 전술이 경시되고 있다.

마작 또한 포커나 주식 투자와 상당히 비슷한 유형의 게임이다. 리스크와 리턴을 비교해서 밀어붙일 것인지 물러설 것인지를 결정해야 하는 국면이 반드시 있으며, 그때의 판단이 승패를 결정한다. 그래서 리스크와 리턴의 비교가 능숙한 사람이 마작을 잘한다. 그런 사람은 초점이 되는 국면에서 체감상 옳은 쪽을 선택한다. 물론 경험도 크다. 밀어붙일 것이냐 물러설 것이냐 하는 판단의 정확성이 곧 실력이라고 할 수 있을 것이다. 최근에는 이쪽 분야에도 다양한 데이터가 공개되고 있으므로 기초적인 수치를 외워 놓고 그것을 실전에서 적용하는 것도 효과적이다.

마작의 족보는 포커보다 복잡하기 때문에 족보를 얼마나 능숙하게 완성시키는지도 중요하다. 눈에 보이는 부분인 까닭에 마작을 패 만들기 게임이라고 생각하는 사람도 많다. 그러나 밀어붙일 것인가 물러설 것인가의 판단이 훨씬 승패에 많은 영향을 끼친다. 패 만들기를 잘하느냐 못하느냐는 보이는 것보다 승패에 크게 기여하지 못한다. 패 만들기 게임이라는 탈을 뒤집어 썼을 뿐 포커처럼 밀어붙일 것인가 물러설 것인가의 판단이 중요한 게임이라는 말이다.

중국인이 발명한 마작은 현재 전 세계인이 즐기고 있다. 중국이나 일본만큼은 아니지만 서양에서 확산되고 있다. 다만 타인이 족보를 완성하게 해 주는 패를 버리면 방총이 되어서 방총을 한 사람이 전액을 내야 한다는 것은 일본 마작 특유의 규칙인 모양이다. 다른 나라의 마작에는 한 명이 전액을 내야 하는 시스템은 없다고 한다.

일본에 마작이 전래되고 얼마간의 시간이 흘렀을 때 방총을 한 사람이 전액을 낸다는 규칙을 생각해 낸 사람이 나타났고, 그것이 순식간에 일본 전역으로 퍼졌다는 이야기를 들었다. 이 규칙이 있기에 리스크와 리턴을 비교해 밀어붙일 것인지 물러설 것인지를 판단하는 능력이 더욱 중요해졌다. 이것이 없는 다른 나라의 마작은 패 만들기 게임의 측면이 강하다. 그 이야기를 들었을 때 나는 그 규칙을 만들어 낸 사람은 천재라고 생각했다. 그 규칙 덕분에 마작은 주식 투자나 포커와 비슷한 게임이 되었다. 내가 계속 마작을 해 온 것도 그런 측면에 매력을 느꼈기 때문이다. 주식 투자도 재미있는 게임이라고 생각하기에 해 온 것일 뿐이다. 엄청나게 많은 돈을 벌기는 했지만, 재미있어서 해 왔다는 것이 본심이다.

온라인 포커 사이트에서는 처음에 판돈이 제일 많이 걸리는 테이블에서부터 계속 잃어서 지금까지 4000만 엔 정도를 잃었다. 최근에는 달러로 입금할 수 없게 된 바람에 판돈이 제일 많이 걸리는 테이블에서는 플레이하지 않게 되어서 손실이 줄어들었지만, 이런 식으로 계속 잃는 것에 괴로움을 느끼는 편은 아니다.

포커 공부의 경우 나는 먼저 이론이라고 불리는 것을 철저히 공부한 다음, 높은 수준의 사람들과 승부하고 그들의 전술을 포커 AI 소프트웨어에 입력해 검증했다. 그리고 여기에서 배운 점을 반영해 내 나름대로 전술을 업데이트했다. 이 방법으로 나의 포커 실력을 효율적으로 높일 수 있었다고 자부한다.

나 스스로 오타쿠라고 느낄 때가 있는데, 돈이 걸리지 않는 게임이라도 전체에서 상위 1퍼센트 이내에 들어갈 만큼 파고드는 경우가 많기 때문이다. 제5장에서 언급했던 〈에이지 오브 엠파이어〉라는 마이크로소프트의 전략 시뮬레이션 게임도 세계

랭킹 수백 위 안에 들었다. 800만 명 중에서 수백 위다. 이런 게임이 일일이 열거하기 어려울 만큼 많다. 대학생 시절에는 〈울티마 온라인〉에서 1위도 해 봤다. 170만 명 중에서 1위이므로 난이도는 상당히 높았다.

주식시장에 뛰어든 것도 그 연장선상이라고 할 수 있다.

13

마작에
연간 1억 엔을 쓰는 이유

마작에는 매년 1억 엔 정도를 쓰고 있다. 마작장 이용료와 마작을 즐긴 뒤의 식사비를 포함해서다. 일주일에 몇 번은 마작장에 모여서 2, 3게임을 한다. 상대는 동료 트레이더일 때가 많으며, 프로 포커 관계자나 프로 마작 관계자도 있다.

마작장 이용료와 마작을 마친 뒤의 식사비는 전부 내가 낸다. 일주일에 하루만 여는 가게에 10명 정도를 데려가서 식사를 하고 샴페인 등을 마신다. 처음에는 식사비로 7만 엔 정도가 나왔는데, 단골이 된 이후로는 외려 점점 늘어나고 있다. 최근에만 해도 50만 엔 정도가 나왔으니까. 나오는 샴페인의 라벨이 화려해진 것을 보면 비싼 놈을 가져오는 모양이다. 와인도 마찬가지다. 군말 없이 계산을 하니까 비싼 술을 들여놓았다가 내온다. 그 대신 예약은 확실히 잡을 수 있다. 늘 10명 이상이 들어갈 수 있는 자리를 비워 놓는다. 이렇게 1회 50만 엔짜리 식사를 연 200회 하면 1억 엔이 된다.

마작은 젊을 때부터 계속하고 있다. 마작만 한다면 질려 버렸을지도 모르지만 개인 트레이더 동료들과 교류한다는 의미도 있기 때문에 오래하지 않나 싶다. 최근에는 일본에서 제일 마작을 잘하는 사람이 아니냐는 말이 나오는 아오야나기 군(가명)이 참가했다. 아오야나기 군은 프로 마작사가 아니지만 무서운 실력자로서 유명 프로 마작사들 사이에서도 이름이 알려져 있다. 그런 사람과 교류하면 새로운 지식을 흡수할 수도 있다.

14

블랙잭에서 성과를 올린 cis식 카운팅

    시간이 꽤 흐른 일이다. 한국의 워커힐 호텔 카지노에 연 3, 4 회 블랙잭을 하러 가곤 했는데, 그리한 지 1년 반 만에 출입 금지를 당하고 말았다. 카지노의 영업 담당자가 "사실은 계속 와서 즐겨 주셨으면 하지만, 컴퓨터가 그렇게 판정해서 어쩔 수가 없습니다"라고 말하면서 지명 수배서 같은 것을 보여 주었는데, 거기에는 내 사진과 함께 내가 카지노에 출입을 시작한 이래의 스코어가 전부 기록되어 있었고 종합 스코어도 나와 있었다. 그 수치에 따라서 기계적으로 출입 금지를 할 사람을 정한다고 한다. 내 경우는 친구들도 데려오고 호텔에서도 식사와 술에 돈을 쓰기 때문에 카지노에서 돈을 따고 있더라도 프로 도박사가 아닌 것은 명백했으며, 환영받지 못한 손님이 아니었던 게 틀림없다. 그래서 다소 늦게 출입 금지를 당한 게 아닐까 싶다.

당시 내가 즐겼던 게임은 미니멈 베팅이 3만 엔(당시 환율로 약 40만 원)이고 맥시멈 베팅이 22만 엔(당시 환율로 약 300만 원)이었다. 기댓값으로는 1회의 여행에서 플러스 100만 엔 정도였는데, 호텔비와 카지노만을 합치면 플러스일지 모르지만 외식 등을 포함하면 마이너스였다.

블랙잭에는 카운팅이라는 공략법이 있다. 속임수가 아니라 확률을 바탕으로 한 정당한 공략법이지만 카지노에서는 금지된 경우가 많으며, 들키면 출입 금지를 당할 가능성이 크다. 카운팅은 중요한 카드가 나온 장수를 외워 두는 것이다. 일반적인 방법으로는 그림 카드(J, Q, K)와 에이스를 센다. 트럼프에서 1부터 13 가운데 에이스와 그림 카드와 10의 카드를 합친 장수는 5장이다. 이 말은 그림 카드나 에이스가 나올 확률은 13분의 5라는 뜻이다. 그림 카드와 에이스가 거의 나오지 않은 판이라면 남은 카드 중에 그림 카드와 에이스가 많아진다. 이럴 때는 플레이어가 유리한 판이므로 칩을 많이 건다. 반대로 그림 카드와 에이스가 많이 나왔다면 남아 있는 카드 중에 그림 카드와 에이스는 적다는 뜻이 된다. 이럴 때는 플레이어가 불리한 판이 되므로 칩을 걸지 않거나 적게 건다.

카운팅의 가장 단순한 방법은 칩을 걸지 않은 채 나온 카드를 계속 세다가 그림 카드와 에이스가 나올 확률이 일정 수준 이상이 되었을 때 승부하는 것이다. 이렇게 하면 유리한 판일 때만 승부할 수 있으므로 장기적으로 봤을 때 확실히 돈을 딸 수 있다. 그러나 카운팅은 금지되어 있으므로 이런 노골적인 방법을 사용하면 금방 카운팅임이 발각되어 출입 금지를 당하고 만다.

나의 카운팅 방법은 그림 카드와 에이스 외에 5, 4, 6의 장수를 외우는 것이었다. 가장 중요한 것은 남아 있는 5의 장수이며, 다음이 4와 6의 장수다. 다만 장수를 일일이 외우는 것은 아니고 5, 4, 6이 평균보다 많이 나왔는지 적게 나왔는지만 기억했다. 보통 유리한 판이라 판단될 경우에는 돈을 많이 걸지만 그러면 카운팅을 하고 있음을 들키기 때문에 플레이의 적극성만을 바꿨다. 유리할 때는 히트(카드를 한 장 더 받기—역주)나 더블 다운(카드를 한 장만 더 받는 대신 돈을 두 배로 거는 것—역주)을 적극적으로 하고, 불리할 때는 소극적으로 했다. 그렇게만 해도 돈을 땄다. 상당히 간소한 카운팅임에도 제대로 카운팅을 하는 사람보다 돈을 더 딸 경우가 많았다.

한국의 워커힐 호텔은 굉장히 즐거웠기 때문에 자주 다녔지만, 그곳에서 출입 금지를 당한 뒤로는 블랙잭을 목적으로 다른 카지노에 간 적이 거의 없다.

가장 매력적인 도박장은
도쿄증권거래소다

마카오에는 포커를 하러 갔다. 포커 룸에는 베팅 금액별로 테이블이 나뉘어 있었는데, 나는 항상 제일 높은 테이블에서 게임을 했다. 같은 테이블에서 9명 혹은 10명이 함께 게임을 하는데, 모두의 칩을 합치면 1억 엔 또는 2억 엔 정도가 된다. 나는 늘 숏스택(가진 칩이 적은 상태)으로 들어갔다. 10만 홍콩달러(약 150만 엔) 정도다. 칩을 많이 갖고 와서 사장님들과 노는 것도 재미있기는 하겠지만, 숏스택으로 들어가는 편이 유리하다. 다들 칩을 많이 가져온 사람을 표적으로 삼기 때문이다.

한 번은 포커룸에서 일류 연예인을 본 적이 있다. 참가율이 70~80퍼센트였으므로—보통은 20퍼센트 이하—엄청난 기세로 잃지 않았을까 싶다. 포커의 프로들이 꿀통에 모여드는 벌떼처럼 모여 있었다.

자주 본 사람 중에는 김정남도 있었는데, 세 번에 한 번은 얼굴을 봤을 정도였다. 늘 나보다 베팅 금액이 적은 테이블에서 플레이했기 때문에 같이 포커를 한 적은 한두 번뿐이었다. 그는 사람들 사이에 녹아들어 늘 싱글싱글 웃으며 즐겁게 포커를 했다. 이런 곳에 오는 사람은 대체로 매번 다른 여성을 데려왔는데, 그는 매번 같은 파트너와 함께였다. 잘난 척하지도 않았고, 카지노의 사람들에게도 예의 바르게 행동했다. 상당히 좋은 인상을 주는 사람이었는데, 그래서 더더욱 눈엣가시로 여겨져 살해당했는지도 모른다.

비합법적인 도박에는 관심이 없다. 수천만, 수억, 수십억을 걸어서 땄을 때 제대로 돈을 받을 수 있다는 보장이 없기 때문이다. 공정성이라는 측면에서도 신뢰가 가지 않는 데다가 법적인 리스크도 있다. 준법정신이 강하다든가 강한 윤리관의 소유자는 아니지만, 효율이라는 측면에서 생각해도 비합법적인 것에는 흥미가 없다. 비합법적인 것은 종합적으로 봤을 때 리스크가 크다. 그런 리스크를 짊어질 이유는 없다. 세금도 남들의 몇 배는 내고 있고, 그래서 도쿄증권거래소라는 일본에서 가장 큰 카지노에서 전력으로 승부할 수 있다.

룰렛이나 슬롯머신 같은 우연성이 강한 게임에도 흥미가 없다. 그래서 일본에 카지노가 생기더라도 나는 가지 않을 것 같다. 그나마 흥미가 있는 것은 포커 룸 정도다. 블랙잭과 포커는 기술 개입도(자신의 스킬이 기댓값에 끼치는 영향)가 높기에 공부하며 즐겨 왔다. 반면 그런 길이 보이지 않는 게임에는 재미를 느끼지 못한다.

바카라는 기술 개입도가 있기는 하지만, 아주 약간 돈을 딸 수 있는 순간이 있는 정도에 불과하다. 공략법이 있다면 공부하겠지만 카지노 게임은 카지노 측에 유리하도록 만들어져 있기 때문에 기술 개입도로 기댓값을 플러스까지 높이기가 어렵다. 확률상 불리한 게임에 돈을 걸고 싶지는 않다.

그래서 역시 주식 투자가 좋다. 주식 투자는 직업이기도 하고 취미이기도 하며 게임이기도 하다. 다른 취미나 게임은 직업으로 삼기가 어렵지만, 주식 투자라면 가능하다. 어떻게 하느냐에 따라 돈을 불릴 수 있다.

주식 투자는 최신, 최첨단 학문이며 경제 활동이기도 하다. 최 첨단이기에 미래를 예측할 수 없다. 극단에 가까운 '불완전 정보 게임'이다. 매일 하는 것이 공부가 되며, 실력을 키우는 길이며, 돈도 된다. 공부를 했다고 해서 수익을 낼 수 있을지 여부를 알 수 없다는 것이 장점이기도 하고 단점이기도 하다. 종합적인 힘 이 승부를 결정한다는 것도 게임으로서 재미있는 점이다. 돈은 10만 엔 정도만 있으면 참가할 수 있다. 두뇌가 굉장히 뛰어나다 고 해서 수익을 낼 수 있다는 보장은 없다. 판단이나 행동이 빠 른 것도 중요하다. 인맥이나 정보, 자금 조달 능력 등 다양한 측 면에서의 공략법도 있다. 그런 종합적인 힘을 겨루는 승부이기 에 게임으로서 장대하다. 이만큼 스케일이 큰 게임은 없다.

돈을 벌기 위한 접근법이 여러 가지인 것도 좋다. 나처럼 데 이 트레이딩으로 마우스를 딸깍거려 돈을 버는 사람이 있는가 하면, 회사를 세우고 상장해 투자자들로부터 돈을 모으는 사람 도 있다.

그런 점에서 주식 투자는 인류 역사상 최고의 게임인지도 모 른다.

— " —

주식 투자는 인류 역사상
최고의 게임인지도 모른다.

— " —

CiS의 주식 투자 법칙

초판 1쇄 발행 2024년 5월 31일
5쇄 발행 2024년 12월 31일

지은이 CiS
옮긴이 김정환

펴낸곳 ㈜이레미디어
전화 031-908-8516(편집부), 031-919-8511(주문 및 관리)
팩스 0303-0515-8907
주소 경기도 파주시 문예로 21, 2층
홈페이지 www.iremedia.co.kr **이메일** mango@mangou.co.kr
등록 제396-2004-35호

편집 이병철 **디자인** 최치영
마케팅 김하경 **재무총괄** 이종미 **경영지원** 김지선

ISBN 979-11-93394-41-0 (03320)

＊ 가격은 뒤표지에 있습니다.
＊ 잘못된 책은 구입하신 서점에서 교환해드립니다.

당신의 소중한 원고를 기다립니다.
mango@mangou.co.kr